Dr. Oetker

heute mal Marmelade!

Dr. Oetker

heute mal Marmelade!

Dr. Oetker Verlag

Frucht-geschmack für jeden Tag

Einfach das ganze Jahr lang mit selbst gemachten Marmeladen und Gelees den Sommer aus dem Glas holen – das schmeckt fantastisch und vor allem weiß man genau, was drin ist!
Klassiker wie Erdbeeren und Orangen gehen immer. Aber auch ungewöhnliche Kombinationen wie Weintraubengelee mit Duftrosen, Nashi-Limetten-Aufstrich oder Fenchel-Orangen-Konfitüre mit rosa Pfefferbeeren sind so einfach zu machen.

Und alle Rezepte bieten die Genussgarantie!

GRAPEFRUIT-
ORANGEN-
MARMELADE

Einfach alles im Blick...

🟢 = vegan 🔵 = mit Alkohol 🟡 = zum Verschenken 🟠 = exotisch 🔴 = klassisch 🟣 = mit Fruchtzucker

Gelees & Marmeladen

Konfitüren & Fruchtaufstriche

Weiter mit Konfitüren & Fruchtaufstrichen

Pikante Konfitüren & Co.

Gelees & Marmeladen

Da kann schon mal Fernweh aufkommen: Süße Verführungen wie orientalische Orangenmarmelade, Mojito-Gelee oder der Green Smoothie Jam „California“ lassen den Tag mit einer süßen Geschmacksreise beginnen …

Zubereitungszeit: **50 Minuten** | Haltbarkeit: kühl und dunkel gestellt etwa **1 Jahr**

Grapefruit-Orangen-Marmelade (Foto)

etwa 7 Gläser je 200 ml | Insgesamt: E: **8** g, F: **2** g, Kh: **1239** g, kJ: **21700**, kcal: **5182**, BE: **103,5**

- 4 rosé Grapefruits (etwa 1,3 kg)
- 2–3 Orangen (etwa 750 g)
- 1 Beutel aus 1 Pck. Gelfix Classic 1:1 (20 g)
- 1150 g Zucker

1 Grapefruits und Orangen so schälen, dass die weiße Haut vollständig entfernt wird. Grapefruits und Orangen filetieren und in kleine Stücke schneiden, dabei den Saft auffangen. 600 g Grapefruitstücke und 400 g Orangenstücke jeweils mit Saft abwiegen, in einen großen Kochtopf geben.

2 Gelfix Classic zuerst mit 2 Esslöffeln des Zuckers mischen, dann mit der Fruchtmasse verrühren.

3 Die Zutaten unter Rühren bei starker Hitze zum Kochen bringen. Sobald alles bei ständigem Rühren sprudelnd kocht, restlichen Zucker hinzufügen. Alles unter Rühren wieder zum Kochen bringen und unter ständigem Rühren mindestens 3 Minuten sprudelnd kochen lassen. Topf von der Kochstelle nehmen.

4 Das Kochgut evtl. abschäumen und sofort randvoll in vorbereitete Gläser füllen. Die Gläser mit Twist-off-Deckeln® verschließen, umdrehen und etwa 5 Minuten auf den Deckeln stehen lassen.

Zubereitungszeit: **45 Minuten** | Haltbarkeit: kühl und dunkel gestellt etwa **1 Jahr**

Limettenmarmelade

7–8 Gläser je 200 ml | Insgesamt: E: **4** g, F: **3** g, Kh: **1175** g, kJ: **20437**, kcal: **4882**, BE: **98,0**

- 2 Bio-Limetten (unbehandelt, ungewachst)
- 1 Bio-Zitrone (unbehandelt, ungewachst)
- 6 Limetten
- 3 Zitronen
- 1 Beutel aus 1 Pck. Gelfix Classic 1:1 (20 g)
- 1150 g Zucker

1 Bio-Limetten und Bio-Zitrone heiß abwaschen, abtrocknen und die Schale jeweils dünn abschälen. Schalen in feine Streifen schneiden. Limetten (auch die Bio-Limetten) halbieren und auspressen.

2 Die Zitronen (auch die Bio-Zitrone) so dick schälen, dass die weiße Haut vollständig entfernt wird. Zitronen filetieren und dabei den Saft auffangen.

3 Limettenschale, -saft, Zitronenschale, -saft und -filets in einen Messbecher geben, mit Wasser auf 850 ml auffüllen. Alles in einen großen Topf geben. Gelfix Classic zuerst mit 2 Esslöffeln vom Zucker mischen, dann mit der Fruchtmasse gut verrühren.

4 Die Zutaten unter Rühren bei starker Hitze zum Kochen bringen. Sobald alles bei ständigem Rühren sprudelnd kocht, restlichen Zucker hinzufügen. Alles unter Rühren wieder zum Kochen bringen und mindestens 3 Minuten unter ständigem Rühren sprudelnd kochen lassen. Topf von der Kochstelle nehmen.

5 Kochgut evtl. abschäumen und sofort randvoll in vorbereitete Gläser füllen. Die Gläser mit Twist-off-Deckeln® verschließen, umdrehen und etwa 5 Minuten auf den Deckeln stehen lassen.

GRAPEFRUIT-
ORANGEN
MARMELADE

Zubereitungszeit: **40 Minuten, ohne Entsaftungs- und Abkühlzeit**
Haltbarkeit: kühl und dunkel gestellt etwa **1 Jahr**

Johannisbeergelee

(im Foto links und Titelrezept)

etwa 5 Gläser je 200 ml | Insgesamt: E: **10** g, F: **2** g, Kh: **551** g , kJ: **9950**, kcal: **2350**, BE: **46,0**

- 1 l Johannisbeersaft (von etwa 1 ½ kg roten Johannisbeeren)
- 500 g Extra Gelierzucker 2:1

1 Zum Vorbereiten Johannisbeeren abspülen, abtropfen lassen, mithilfe eines Schnellkochtopfes oder Dampfentsafters Saft gewinnen (Gebrauchsanleitung des Geräteherstellers beachten), abkühlen lassen und 1 l Saft abmessen.

2 Fruchtsaft mit Extra Gelierzucker in einem Kochtopf gut verrühren. Alles bei starker Hitze unter Rühren zum Kochen bringen, mindestens 3 Minuten unter ständigem Rühren sprudelnd kochen lassen. Den Topf von der Kochstelle nehmen.

3 Kochgut evtl. abschäumen und sofort randvoll in vorbereitete Gläser füllen. Gläser mit Twist-off-Deckeln® verschließen, umdrehen und etwa 5 Minuten auf dem Deckel stehen lassen.

Rezeptvariante:
Johannisbeergelee mit Birnenstückchen (im Foto rechts). Dazu können 250 ml Johannisbeersaft durch 250 g Birnenstückchen ersetzt werden. Die Gläser mit den Birnenstückchen während des Erkaltens gelegentlich drehen, damit sich die Birnenstückchen besser im Gelee verteilen.

Zubereitungszeit: **30 Minuten, ohne Entsaftungs- und Abkühlzeit**
Haltbarkeit: kühl und dunkel gestellt **3–4 Monate**

Johannisbeer-Apfel-Gelee

etwa 4 Gläser je 200 ml | Insgesamt: E: **6** g, F: **1** g, Kh: **544** g, kJ: **9634**, kcal: **2274**, BE **45,5**

- 600 ml Johannisbeersaft (von etwa 1 ¼ kg roten Johannisbeeren)
- 150 ml klarer Apfelsaft
- 500 g Extra Gelierzucker 2:1

1 Johannisbeeren abspülen, gut abtropfen lassen und verlesen. Johannisbeeren mithilfe eines Schnellkochtopfes oder Dampfentsafters entsaften (dabei die Gebrauchsanleitung des Geräteherstellers beachten). Von dem erkalteten Johannisbeersaft 600 ml abmessen.

2 Johannisbeer-, Apfelsaft und Gelierzucker in einem großen Topf gut verrühren. Alles unter Rühren bei starker Hitze zum Kochen bringen, unter ständigem Rühren mindestens 3 Minuten sprudelnd kochen lassen. Den Topf von der Kochstelle nehmen.

3 Das Kochgut evtl. abschäumen und sofort randvoll in vorbereitete Gläser füllen. Die Gläser mit Twist-off-Deckeln® verschließen, umdrehen und etwa 5 Minuten auf den Deckeln stehen lassen.

Tipp: Statt Apfelsaft 150 ml klaren Apfelwein nehmen.

Zubereitungszeit: **50 Minuten, ohne Entsaftungs- und Abkühlzeit**
Haltbarkeit: kühl und dunkel gestellt etwa **1 Jahr**

Holunder-Trauben-Gelee mit Quitten

etwa 6 Gläser je 200 ml | Insgesamt: E: **8** g, F: **12** g, Kh: **625** g, kJ: **11324**, kcal: **2675**, BE: **52,0**

500 ml Holunderbeersaft (ungesüßt, von etwa 1,4 kg Holunderbeeren oder fertige Handelsware)
etwa 400 g Quitten
500 ml heller Traubensaft
500 g Super Gelierzucker 3:1

1 Die Holunderbeeren abspülen, abtropfen lassen und mithilfe eines Schnellkochtopfes oder Dampfentsafters entsaften. Dabei die Gebrauchsanleitung des Geräteherstellers beachten.

2 Den Holunderbeersaft abkühlen lassen und 500 ml abmessen.

3 Die Quitten mit einem Tuch trocken abreiben, um den Flaum zu entfernen. Quitten abspülen, abtropfen lassen, halbieren, Kerne und Blütenansätze entfernen. Die Quittenhälften in kleine Stücke schneiden und 250 g abwiegen.

4 Holunder-, Traubensaft und Quittenstücke in einem großen Topf mit Super Gelierzucker gut verrühren.

5 Alles unter Rühren bei starker Hitze zum Kochen bringen und unter ständigem Rühren mindestens 3 Minuten sprudelnd kochen lassen. Den Topf von der Kochstelle nehmen.

6 Das Kochgut evtl. abschäumen und sofort randvoll in vorbereitete Gläser füllen. Die Gläser mit Twist-off-Deckeln® verschließen, umdrehen und etwa 5 Minuten auf den Deckeln stehen lassen.

7 Die Gläser während des Erkaltens gelegentlich umdrehen, damit sich die Quittenstücke besser verteilen.

Tipps: Sie können den hellen Traubensaft auch durch Apfelsaft ersetzen.
Ebenfalls sehr gut schmeckt das Gelee, wenn Sie statt 500 ml hellen Traubensaft 300 ml hellen Traubensaft und 200 ml Sekt verwenden. Oder bereiten Sie das Gelee statt mit Traubensaft mit Weißwein zu.

Wichtig: Roh sind Holunderbeeren nicht genießbar. Sie können Übelkeit, Brechreiz und Verdauungsprobleme hervorrufen.

Zubereitungszeit: **30 Minuten, ohne Durchziehzeit**
Haltbarkeit: kühl und dunkel gestellt **3–4 Monate**

Cranberrygelee mit Orangensaft (Foto)

etwa 5 Gläser je 200 ml | Insgesamt: E: **7** g, F: **2** g, Kh: **806** g, kJ: **14112**, kcal: **3336**, BE: **67,0**

- 125 g Cranberrys (getrocknet, ungeschwefelt)
- 1 Pck. Dr. Oetker Finesse Orangenschalen-Aroma
- 330 ml Cranberrysaft
- 300 ml Orangensaft
- 250 ml Apfelsaft
- 500 g Extra Gelierzucker 2:1
- 1 Pck. Zitronensäure (5 g)

1 Cranberrys grob hacken und mit Orangenschalen-Aroma und Cranberrysaft in einem großen Kochtopf verrühren, etwa 2 Stunden durchziehen lassen.

2 Orangen- und Apfelsaft mit dem Gelierzucker zu der Cranberrymasse geben und gut unterrühren.

3 Die Zutaten unter Rühren bei starker Hitze zum Kochen bringen und unter ständigem Rühren mindestens 3 Minuten sprudelnd kochen lassen. Zitronensäure unterrühren. Den Topf von der Kochstelle nehmen.

4 Das Kochgut evtl. abschäumen und sofort randvoll in vorbereitete Gläser füllen. Die Gläser mit Twist-off-Deckeln® verschließen, umdrehen und etwa 5 Minuten auf den Deckeln stehen lassen.

Zubereitungszeit: **40 Minuten** | Haltbarkeit: kühl und dunkel gestellt **3–4 Monate**

Zitrusgelee

etwa 6 Gläser je 200 ml | Insgesamt: E: **5** g, F: **1** g, Kh: **1063** g, kJ: **18253**, kcal: **4365**, BE: **88,5**

- 400 ml frisch gepresster Orangensaft (von 7–8 Orangen)
- 200 ml frisch gepresster Grapefruitsaft (von 3 Grapefruits)
- 150 ml frisch gepresster Zitronensaft (von 4–5 Zitronen)
- 1 Beutel Gelfix Classic 1:1 (20 g)
- 1 kg Zucker

1 Orangen-, Grapefruit- und Zitronensaft in einen großen Kochtopf geben. Gelfix Classic zuerst mit 2 Esslöffeln vom Zucker vermischen, dann mit dem Saft gut verrühren.

2 Die Saftmischung unter Rühren bei starker Hitze zum Kochen bringen. Sobald alles bei ständigem Rühren sprudelnd kocht, restlichen Zucker hinzufügen.

3 Die Zutaten unter Rühren wieder zum Kochen bringen und unter ständigem Rühren mindestens 3 Minuten sprudelnd kochen lassen. Topf von der Kochstelle nehmen.

4 Das Kochgut evtl. abschäumen und sofort randvoll in vorbereitete Gläser füllen. Die Gläser mit Twist-off-Deckeln® verschließen, umdrehen und etwa 5 Minuten auf den Deckeln stehen lassen.

Tipp: Frisch gepressten Orangen- oder Grapefruitsaft bekommen Sie auch im Supermarkt.

Zubereitungszeit: **30 Minuten** | Haltbarkeit: kühl und dunkel gestellt **6–8 Monate**

Green Smoothie Jam „California"

etwa 3 Gläser je 400 ml | Insgesamt: E: **9** g, F: **4** g, Kh: **593** g, kJ: **10869**, kcal: **2598**, BE: **49,5**

etwa 125 g Stangensellerie
6–8 mittelgroße Kiwis
3 rosé Grapefruits (etwa 1 kg)

75 ml Limettensaft
(von etwa 3 Limetten)

½ TL grünes Matchatee-Pulver

1 Beutel aus 1 Pck. Gelfix
Extra 2:1 (25 g)
500 g Zucker

1 Sellerie putzen und die harten Fäden sorgfältig abziehen. Sellerie abspülen und abtropfen lassen. 75 g Sellerie abwiegen, fein würfeln und pürieren.

2 Kiwis schälen, 450 g Fruchtfleisch abwiegen und ebenfalls würfeln.

3 Die Grapefruits so schälen, dass die weiße Haut vollständig entfernt wird. Die Grapefruits filetieren. Die Grapefruitfilets in Stücke schneiden und 450 g abwiegen.

4 Selleriepüree mit Kiwiwürfeln, Grapefruitfiletstücken, Limettensaft und Teepulver in einen großen Topf geben und verrühren. Gelfix Extra und Zucker sorgfältig mischen, zu der Frucht-Sellerie-Mischung geben und gut unterrühren.

5 Die Zutaten unter Rühren bei starker Hitze zum Kochen bringen und unter ständigem Rühren mindestens 3 Minuten sprudelnd kochen lassen. Den Kochtopf von der Kochstelle nehmen.

6 Das Kochgut evtl. abschäumen und sofort randvoll in vorbereitete Gläser füllen. Die Gläser mit Twist-off-Deckeln® verschließen, umdrehen und etwa 5 Minuten auf den Deckeln stehen lassen.

Zubereitungszeit: **25 Minuten** | Haltbarkeit: kühl und dunkel gestellt **3–4 Monate**

Sanddorngelee (Foto)

etwa 4 Gläser je 200 ml | Insgesamt: E: **7** g, F: **16** g, Kh: **432** g, kJ: **8095**, kcal: **1937**, BE: **36,0**

- 660 ml Sanddornsaft (100 % Direktsaft)
- 90 ml Orangensaft
- 1 Beutel aus 1 Pck. Gelfix Extra 2:1 (25 g)
- 400 g Zucker

1 Sanddorn- und Orangensaft in einen großen Kochtopf geben. Gelfix Extra mit Zucker mischen und mit dem Saft gut verrühren.

2 Die Zutaten unter Rühren bei starker Hitze zum Kochen bringen und unter ständigem Rühren mindestens 3 Minuten sprudelnd kochen lassen. Den Topf von der Kochstelle nehmen.

3 Das Kochgut evtl. abschäumen und sofort randvoll in vorbereitete Gläser füllen. Die Gläser mit Twist-off-Deckeln® verschließen, umdrehen und etwa 5 Minuten auf den Deckeln stehen lassen.

Tipp: Sanddornsaft bekommen Sie in Bio-Läden oder -abteilungen.

Zubereitungszeit: **20 Minuten** | Haltbarkeit: kühl und dunkel gestellt **3–4 Monate**

Grünes Orangengelee

etwa 5 Gläser je 200 ml | Insgesamt: E: **5** g, F: **1** g, Kh: **595** g, kJ: **10608**, kcal: **2534**, BE **49,5**

- 800 ml Orangensaft
- 1 Beutel aus 1 Pck. Gelfix Extra 2:1 (25 g)
- 500 g Zucker
- 3 EL Blue Curaçao (mit oder ohne Alkohol)

1 Saft in einen großen Kochtopf geben. Gelfix Extra mit Zucker mischen und mit dem Saft gut verrühren.

2 Die Zutaten unter Rühren bei starker Hitze zum Kochen bringen, unter ständigem Rühren mindestens 3 Minuten sprudelnd kochen lassen. Blue Curaçao unterrühren. Topf von der Kochstelle nehmen.

3 Das Kochgut evtl. abschäumen und sofort randvoll in vorbereitete Gläser füllen. Die Gläser mit Twist-off-Deckeln® verschließen, umdrehen und etwa 5 Minuten auf den Deckeln stehen lassen.

Zubereitungszeit: **45 Minuten, ohne Abkühlzeit**
Haltbarkeit: kühl und dunkel gestellt etwa **6 Monate**

Geschichtetes Früchteteegelee

etwa 5 Gläser je 200 ml | Insgesamt: E: **1** g, F: **1** g, Kh: **504** g, kJ: **8731**, kcal: **2059**, BE: **42,0**

Für den Früchtetee:
500 ml Wasser
5 Teebeutel (je 3 g) Früchtetee
100 g Heidelbeeren

Für den Orangentee:
500 ml Wasser
5 Teebeutel (je 1,75 g) Rooibos mit Orangengeschmack

Für das Fruchtgelee:
400 ml Früchtetee
250 g Dr. Oetker Extra Gelierzucker
½ Pck. Zitronensäure (2 ½ g)

Für das Orangengelee:
1 Bio-Orange (unbehandelt, ungewachst)
400 ml Orangentee
250 g Dr. Oetker Extra Gelierzucker 2:1
½ Pck. Zitronensäure (2 ½ g)

1 Für den Früchte- und Orangentee jeweils 500 ml Wasser zum Kochen bringen und von der Kochstelle nehmen. Die Teebeutel jeweils hineingeben und je Teesorte 8 Minuten ziehen lassen. Die Beutel entfernen. Tee getrennt erkalten lassen.

2 Heidelbeeren verlesen, abspülen und gut abtropfen lassen.

3 Für das Fruchtgelee 400 ml von dem zubereiteten Früchtetee abmessen und in einen Kochtopf geben. Mit Gelierzucker und Zitronensäure gut verrühren. Alles unter Rühren bei starker Hitze zum Kochen bringen und mindestens 2 Minuten unter ständigem Rühren sprudelnd kochen lassen. Heidelbeeren hinzufügen, wieder zum Kochen bringen und noch 1 Minute sprudelnd kochen lassen. Den Topf von der Kochstelle nehmen.

4 Das Kochgut evtl. abschäumen und sofort bis zur Hälfte in vorbereitete Gläser füllen. Gelee etwa 20 Minuten abkühlen lassen.

5 In der Zwischenzeit Orange heiß abwaschen, abtrocken und mit einem Zestenreißer die Schale abziehen. Oder die Orange dünn schälen und die Schale in sehr feine Streifen schneiden. 1½ Esslöffel davon abmessen. 400 ml von dem zubereiteten Orangentee abmessen und in einen Kochtopf geben. Mit Gelierzucker und Zitronensäure gut verrühren. Alles unter Rühren bei starker Hitze zum Kochen bringen und mindestens 2 Minuten sprudelnd kochen lassen. Orangenschale hinzufügen, wieder zum Kochen bringen und noch 1 Minute sprudelnd kochen lassen. Den Topf von der Kochstelle nehmen.

6 Das Kochgut evtl. abschäumen und vorsichtig in die Gläser auf das Früchtetee-Gelee geben (am besten die Flüssigkeit über einen Löffelrücken laufen lassen), bis die Gläser randvoll sind.

7 Die Gläser mit Twist-off-Deckeln® verschließen und erkalten lassen. Nicht stürzen, sonst laufen die Gelees ineinander.

Tipp: Statt Heidelbeeren können Sie auch 100 g vorbereitete, rote Johannisbeeren verwenden.

Zubereitungszeit: **45 Minuten** | Haltbarkeit: kühl und dunkel gestellt **3–4 Monate**

Pomelo-Aprikosen-Marmelade (Foto)

etwa 5 Gläser je 200 ml | Insgesamt: E: **8** g, F: **1** g, Kh: **583** g, kJ: **10280**, kcal: **2428**, BE: **48,5**

1 große Pomelo (etwa 1 kg)
etwa 450 g Aprikosen

500 g Extra Gelierzucker 2:1

1 Pomelo so schälen, dass die weiße Haut vollständig entfernt wird. Pomelo in einzelne Fruchtspalten teilen, die Häute entfernen. Die Fruchtfilets in kleine Stücke schneiden und 600 g abwiegen.

2 Die Aprikosen abspülen, gut abtropfen lassen, halbieren, entsteinen und in kleine Stücke schneiden. 400 g Aprikosenstücke abwiegen.

3 Die vorbereiteten Früchte mit Extra Gelierzucker in einem großen Topf gut verrühren. Die Zutaten unter Rühren bei starker Hitze zum Kochen bringen und unter ständigem Rühren mindestens 3 Minuten sprudelnd kochen lassen. Den Topf von der Kochstelle nehmen.

4 Das Kochgut evtl. abschäumen und sofort randvoll in vorbereitete Gläser füllen. Die Gläser mit Twist-off-Deckeln® verschließen, umdrehen und etwa 5 Minuten auf den Deckeln stehen lassen.

Tipp: Die Marmelade zu Brot und geräucherten Schinkenscheiben reichen.

Zubereitungszeit: **30 Minuten** | Haltbarkeit: kühl und dunkel gestellt **6–8 Monate**

Winterzauber-Marmelade

etwa 4 Gläser je 400 ml | Insgesamt: E: **9** g, F: **3** g, Kh: **573** g, kJ: **10258**, kcal: **2449**, BE: **48,0**

2 rosé Grapefruits
3 Orangen
250 ml frisch gepresster Mandarinensaft (von etwa 6 Mandarinen)
100 ml Limettensaft (von etwa 4 Limetten)

200 ml Blutorangensaft (z. B. aus dem Kühlregal)
2–3 Stück Sternanis
1 ½ TL Spekulatiusgewürz-Mischung

100 g brauner Zucker
100 g Blüten-Honig

1 Beutel aus 1 Pck. Gelfix Extra 2:1 (25 g)
300 g Zucker

1 Grapefruits und Orangen so schälen, dass die weiße Haut mit entfernt wird. Grapefruits und Orangen filetieren, dabei den Saft auffangen. 450 g Orangen- und Grapefruitfilets mit Fruchtsaft abwiegen, in einen großen Topf geben.

2 Mandarinen-, Limetten- und Blutorangensaft hinzugießen. Sternanis und Spekulatiusgewürz hinzugeben und unterrühren. Braunen Zucker und Honig ebenfalls unterrühren.

3 Gelfix Extra mit Zucker gut vermischen, dann in den Topf geben und unter die Zitrusmasse rühren.

4 Die Zutaten unter Rühren bei starker Hitze zum Kochen bringen und unter ständigem Rühren mindestens 3 Minuten sprudelnd kochen lassen. Den Kochtopf von der Kochstelle nehmen.

5 Das Kochgut evtl. abschäumen und sofort randvoll in vorbereitete Gläser füllen. Die Gläser mit Twist-off-Deckeln® verschließen, umdrehen und anschließend etwa 5 Minuten auf den Deckeln stehen lassen.

Zubereitungszeit: **60 Minuten, ohne Abkühlzeit**
Haltbarkeit: kühl und dunkel gestellt etwa **4 Monate**

Weintraubengelee mit Duftrosen

etwa 6 Gläser je 200 ml | Insgesamt: E: **7** g, F: **2** g, Kh: **642** g, kJ: **12190**, kcal: **2911**, BE: **53,5**

- 1 ½ kg helle Weintrauben
- 250 ml trockener Weißwein (z. B. Riesling)
- 2–3 ungespritzte Duftrosen (z. B. Augusta Luise oder Sutters Gold)

- etwa 125 g Weintrauben
- 150 ml trockener Weißwein (z. B. Riesling)

- 500 g Super Gelierzucker 3:1
- 1 Pck. Zitronensäure (5 g)

1 Die Weintrauben abspülen, abtropfen lassen und entstielen. Die Trauben mit Weißwein in einen Kochtopf geben, zum Kochen bringen und etwa 10 Minuten kochen, dann erkalten lassen.

2 Ein großes Küchensieb mit einem feuchten Geschirrtuch auslegen, Weintrauben mit dem Saft hineingeben, abtropfen lassen, dabei den Saft auffangen.

3 Anschließend die Weintrauben mithilfe des Tuches ausdrücken und ebenfalls den Saft auffangen. 1100 ml Saft abmessen und abkühlen lassen.

4 Die Blütenblätter von den Rosenköpfen zupfen, abspülen und auf Küchenpapier gut abtropfen lassen. Die Weintrauben abspülen, gut abtropfen lassen, halbieren und entkernen. 100 g Weintrauben abwiegen.

5 Den abgemessenen Weintraubensaft und Weißwein in einen großen Kochtopf geben, mit Super Gelierzucker und Zitronensäure gut verrühren.

6 Die Zutaten unter Rühren bei starker Hitze zum Kochen bringen und etwa 2 Minuten unter ständigem Rühren sprudelnd kochen lassen. Weintraubenhälften hinzufügen und nochmals 1 Minute unter ständigem Rühren sprudelnd kochen lassen. Topf von der Kochstelle nehmen. Kochgut evtl. abschäumen.

7 Jeweils 4–5 Rosenblätter in die vorbereiteten Gläser geben. Das Kochgut sofort randvoll in die Gläser füllen. Dabei darauf achten, dass in jedem Glas 4–5 Weintraubenhälften sind.

8 Die Gläser mit Twist-off-Deckeln® verschließen, umdrehen und etwa 5 Minuten auf den Deckeln stehen lassen.

9 Die Gläser während des Erkaltens gelegentlich umdrehen, damit sich die Weintraubenhälften und Rosenblätter besser verteilen.

Tipp: Die Haltbarkeit wird durch die Zugabe von Blütenblättern verkürzt.

Zubereitungszeit: **30 Minuten** | Haltbarkeit: kühl und dunkel gestellt etwa **1 Jahr**

Zitrus-Kokos-Marmelade

(Foto)

etwa 3 Gläser je 400 ml | Insgesamt: E: **12** g, F: **71** g, Kh: **549** g, kJ: **12510**, kcal: **2958**, BE: **46,0**

150 ml Mandarinensaft
(von etwa 3 Mandarinen)
100 ml Limettensaft
(von etwa 4 Limetten)

3 Sweeties
1 große Orange
400 ml ungesüßte Kokosmilch

500 g Extra Gelierzucker 2:1
1 Pck. Zitronensäure (5 g)

1 Die Mandarinen halbieren und den Saft auspressen. 150 ml Mandarinensaft abmessen. Limetten ebenfalls halbieren, auspressen und 100 ml Saft abmessen.

2 Sweeties und Orange so schälen, dass die weiße Haut vollständig entfernt wird. Sweeties und Orange filetieren, in Stücke schneiden und dabei den Saft auffangen. Insgesamt 350 g Sweetie- und Orangenfilets mit dem Saft abwiegen.

3 Abgewogene Sweetie- und Orangenfilets mit Mandarinen-, Limettensaft und Kokosmilch in einem großen Topf verrühren. Gelierzucker und Zitronensäure hinzugeben und gut unterrühren.

4 Die Zutaten unter Rühren bei starker Hitze zum Kochen bringen, unter ständigem Rühren mindestens 3 Minuten sprudelnd kochen lassen. Topf von der Kochstelle nehmen.

5 Das Kochgut evtl. abschäumen und sofort randvoll in vorbereitete Gläser füllen. Die Gläser mit Twist-off-Deckeln® verschließen, umdrehen und anschließend etwa 5 Minuten auf den Deckeln stehen lassen.

Zubereitungszeit: **30 Minuten** | Haltbarkeit: kühl und dunkel gestellt etwa **1 Jahr**

Orangen-Limetten-Marmelade

etwa 5 Gläser je 200 ml | Insgesamt: E: **8** g, F: **2** g, Kh: **565** g, kJ: **10054**, kcal: **2372**, BE: **47,0**

200 ml Limettensaft
(von etwa 6 Limetten)

400 g Orangenfilets mit -saft
(von etwa 5 Orangen)

400 ml frisch gepresster
Orangensaft
500 g Extra Gelierzucker 2:1

1 Die Limetten halbieren, den Saft auspressen und 200 ml Saft abmessen. Die Orangen so schälen, dass die weiße Haut vollständig entfernt wird. Die Orangenfilets herausschneiden, dabei den Saft auffangen. Von den Orangenfilets und dem Saft insgesamt 400 g abwiegen.

2 Limettensaft, Orangenfilets und -saft (auch die Handelsware) in einem Topf mit Gelierzucker gut verrühren. Die Zutaten unter Rühren bei starker Hitze zum Kochen bringen, unter ständigem Rühren mindestens 3 Minuten sprudelnd kochen lassen. Topf von der Kochstelle nehmen.

3 Das Kochgut evtl. abschäumen und sofort randvoll in vorbereitete Gläser füllen. Die Gläser mit Twist-off-Deckeln® verschließen, umdrehen und etwa 5 Minuten auf den Deckeln stehen lassen.

Zubereitungszeit: **25 Minuten** | Haltbarkeit: kühl und dunkel gestellt etwa **6 Monate**

Apfelgelee mit Möhren

etwa 4 Gläser je 200 ml | Insgesamt: E: **1** g, F: **0** g, Kh: **465** g, kJ: **7959**, kcal: **1903**, BE: **39,0**

1 große Möhre
830 ml klarer Apfelsaft
350 g Zucker
1 Beutel aus 1 Pck. Gelfix Super 3:1 (25 g)

1 Möhre putzen, schälen, abspülen und abtropfen lassen. Die Möhre in feine Streifen schneiden oder grob raspeln und 70 g abwiegen.

2 Apfelsaft und Möhrenstreifen in einen großen Kochtopf geben. Zucker mit Gelfix Super mischen, dann mit dem Saft gut verrühren.

3 Alles unter Rühren bei starker Hitze zum Kochen bringen, unter ständigem Rühren mindestens 3 Minuten sprudelnd kochen lassen. Topf von der Kochstelle nehmen.

4 Das Kochgut evtl. abschäumen und sofort randvoll in vorbereitete Gläser füllen. Gläser mit Twist-off-Deckeln® verschließen, umdrehen und etwa 5 Minuten auf den Deckeln stehen lassen.

5 Die Gläser während des Erkaltens gelegentlich umdrehen, damit sich die Möhrenstreifen besser verteilen.

Rezeptvariante:

Klassisches Apfelgelee
(etwa 4 Gläser je 200 ml). Dafür 750 ml klaren Apfelsaft in einen großen Kochtopf geben. 400 g Zucker mit 1 Beutel aus 1 Päckchen Gelfix Extra 2:1 (25 g) und 1 Päckchen Zitronensäure (5 g) vermischen und unter den Apfelsaft rühren. Den Saft unter Rühren bei starker Hitze zum Kochen bringen und unter ständigem Rühren mindestens 3 Minuten sprudelnd kochen lassen. Das Kochgut evtl. abschäumen und sofort randvoll in vorbereitete Gläser füllen. Die Gläser mit Twist-off-Deckeln® verschließen, umdrehen und etwa 5 Minuten auf den Deckeln stehen lassen. Sie können auch 1–2 Stangen Zimt und 3–4 Gewürznelken oder 2 Teelöffel Koriandersamen mitkochen. Vor dem Abfüllen die Gewürze entfernen.

Zubereitungszeit: **30 Minuten** | Haltbarkeit: kühl und dunkel gestellt **6–8 Monate**

Orientalische Orangenmarmelade (Foto)

etwa 6 Gläser je 200 ml | Insgesamt: E: **9** g, F: **2** g, Kh: **650** g, kJ: **11552**, kcal: **2727**, BE: **54,0**

5 Kardamomkapseln
2–3 Sternanis
300 ml Granatapfel-Mehrfruchtsaft (z. B. aus dem Tetrapak)

1 geh. TL Sumach (z. B. aus dem Gewürzladen oder orientalischen Lebensmittelläden) oder
1 TL fein abgeriebene Limettenschale von einer Bio-Limette (unbehandelt, ungewachst)

100 g flüssiger Honig

600 g Orangenfilets mit -saft (von etwa 5 Orangen)

500 g Extra Gelierzucker 2:1

1 Kardamomkapseln in einem Mörser leicht andrücken, mit Sternanis und Saft in einen großen Topf geben. Sumach oder Limettenschale und Honig unterrühren.

2 Die Orangen so schälen, dass die weiße Haut vollständig entfernt wird. Orangen filetieren, dabei den Saft auffangen. 600 g Orangenfruchtfleisch und -saft abwiegen und mit in den Topf geben.

3 Gelierzucker hinzugeben und alles gut miteinander verrühren. Die Zutaten unter Rühren bei starker Hitze zum Kochen bringen und unter ständigem Rühren mindestens 3 Minuten sprudelnd kochen lassen. Den Kochtopf von der Kochstelle nehmen.

4 Die Gewürzstücke weitestgehend entfernen.

5 Das Kochgut evtl. abschäumen und sofort randvoll in vorbereitete Gläser füllen. Die Gläser mit Twist-off-Deckeln® verschließen, umdrehen und etwa 5 Minuten auf den Deckeln stehen lassen.

Zubereitungszeit: **45 Minuten** | Haltbarkeit: kühl und dunkel gestellt **3–4 Monate**

Orangen-Kaki-Marmelade

etwa 5 Gläser je 200 ml | Insgesamt: E: **8** g, F: **3** g, Kh: **637** g, kJ: **11641**, kcal: **2781**, BE: **53,0**

etwa 4 mittelgroße Orangen
5–6 Kakifrüchte
500 g Zucker

1 Beutel aus 1 Pck. Gelfix Extra 2:1 (25 g)

1 Orangen so schälen, dass die weiße Haut vollständig entfernt wird. Orangen filetieren, dabei den Saft auffangen. 500 g Orangenfruchtfleisch und -saft abwiegen, in einen großen Kochtopf geben.

2 Die Kakifrüchte dünn schälen und den Blütenansatz herausschneiden. Kakifruchtfleisch in Stücke schneiden, 500 g abwiegen und zu den Orangenfilets in den Topf geben. Früchte pürieren.

3 Zucker mit Gelfix Extra mischen, zum Fruchtpüree geben und gut unterrühren.

4 Die Zutaten unter Rühren bei starker Hitze zum Kochen bringen und unter ständigem Rühren mindestens 3 Minuten sprudelnd kochen lassen. Den Topf von der Kochstelle nehmen.

5 Das Kochgut evtl. abschäumen und sofort randvoll in vorbereitete Gläser füllen. Die Gläser mit Twist-off-Deckeln® verschließen, umdrehen und etwa 5 Minuten auf den Deckeln stehen lassen.

Zubereitungszeit: **15 Minuten** | Haltbarkeit: kühl und dunkel gestellt etwa **1 Jahr**

Schnelles Herbstgelee (Foto)

etwa 6 Gläser je 200 ml | Insgesamt: E: **2** g, F: **0** g, Kh: **669** g, kJ: **11452**, kcal: **2735**, BE: **56,0**

- 400 ml heller Traubensaft
- 400 ml Birnennektar
- 450 ml Apfelsaft
- 500 g Super Gelierzucker 3:1

1 Traubensaft, Birnennektar und Apfelsaft in einem großen Kochtopf mit Super Gelierzucker gut verrühren.

2 Alles unter Rühren bei starker Hitze zum Kochen bringen und unter ständigem Rühren mindestens 3 Minuten sprudelnd kochen lassen. Den Kochtopf von der Kochstelle nehmen.

3 Kochgut evtl. abschäumen und sofort randvoll in vorbereitete Gläser füllen. Gläser mit Twist-off-Deckeln® verschließen, umdrehen und etwa 5 Minuten auf den Deckeln stehen lassen.

Zubereitungszeit: **35 Minuten** | Haltbarkeit: kühl und dunkel gestellt etwa **1 Jahr**

Zitronengelee mit Schale (Titelrezept)

etwa 6 Gläser je 200 ml | Insgesamt: E: **4** g, F: **1** g, Kh: **1030** g, kJ: **17964**, kcal: **4296**, BE: **86,0**

- 2–3 Bio-Zitronen (unbehandelt, ungewachst)
- etwa 800 ml Zitronensaft
- 1 Beutel aus 1 Pck. Gelfix Classic 1:1 (20 g)
- 1 kg Zucker

1 Zitronen heiß abwaschen, abtrocknen und dünn schälen. Schale in sehr feine Streifen schneiden und 30 g abwiegen. Zitronen halbieren, auspressen und mit dem fertigen Zitronensaft auf 850 ml auffüllen. Zitronensaft und -schale in einen Topf geben.

2 Gelfix Classic mit 2 Esslöffeln vom Zucker mischen, dann mit dem Zitronensaft verrühren. Die Zutaten unter Rühren bei starker Hitze zum Kochen bringen. Sobald alles bei ständigem Rühren sprudelnd kocht, restlichen Zucker hinzufügen. Alles unter Rühren wieder zum Kochen bringen und unter ständigem Rühren mindestens 3 Minuten sprudelnd kochen lassen. Den Topf von der Kochstelle nehmen.

3 Das Kochgut evtl. abschäumen und sofort randvoll in vorbereitete Gläser füllen. Die Gläser mit Twist-off-Deckeln® verschließen, umdrehen und etwa 5 Minuten auf den Deckeln stehen lassen.

4 Die Gläser während des Erkaltens gelegentlich umdrehen, damit sich die Zitronenschale besser verteilt.

Zubereitungszeit: **30 Minuten** | Haltbarkeit: kühl und dunkel gestellt **6–8 Monate**

Grapefruit-Cassis-Marmelade (Foto)

3–4 Gläser je 400 ml | Insgesamt: E: **7** g, F: **2** g, Kh: **603** g, kJ: **10957**, kcal: **2588**, BE: **50,5**

etwa 5 rosé Grapefruits (etwa 1 ½ kg)

175 ml schwarzer Johannisbeersaft (Direktsaft, z. B. aus dem Reformhaus)

500 g Extra Gelierzucker 2:1
2 ½ EL Mandel-Aromasirup
1 Pck. Zitronensäure (5 g)

1 Die Grapefruits so schälen, dass die weiße Haut vollständig entfernt wird. Grapefruits filetieren, dabei den Saft auffangen. 800 g Grapefruitfilets mit Saft abwiegen, mit dem Johannisbeersaft in einen großen Topf geben.

2 Gelierzucker mit Sirup und Zitronensäure in den Topf geben und unterrühren. Alles unter Rühren bei starker Hitze zum Kochen bringen und unter ständigem Rühren mindestens 3 Minuten sprudelnd kochen lassen. Den Kochtopf von der Kochstelle nehmen.

3 Das Kochgut evtl. abschäumen und sofort randvoll in vorbereitete Gläser füllen. Die Gläser mit Twist-off-Deckeln® verschließen, umdrehen und anschließend etwa 5 Minuten auf den Deckeln stehen lassen.

Zubereitungszeit: **45 Minuten** | Haltbarkeit: kühl und dunkel gestellt **6–8 Monate**

Orangenmarmelade

7–8 Gläser je 200 ml | Insgesamt: E: **10** g, F: **2** g, Kh: **1243** g, kJ: **21355**, kcal: **5105**, BE: **103,5**

etwa 3 Bio-Orangen (etwa 900 g, unbehandelt, ungewachst)

7–8 Orangen (etwa 2 kg)

1 Beutel Gelfix Classic 1:1 (20 g)
1150 g Zucker

1 Die Bio-Orangen heiß abwaschen, abtrocknen und die Schale dünn abschälen. Orangenschale in Streifen schneiden und 25 g abwiegen. Alle Orangen so schälen, dass die weiße Haut vollständig entfernt wird. Die Orangen filetieren, in Stücke schneiden, dabei den Saft auffangen und insgesamt 1 kg abwiegen.

2 Orangenfilets mit -saft in einen großen Kochtopf geben und mit einem Pürierstab pürieren. Orangenschale unterrühren. Gelfix Classic zuerst mit 2 Esslöffeln vom Zucker vermischen, dann mit der Orangenmasse gut verrühren.

3 Die Zutaten unter Rühren bei starker Hitze zum Kochen bringen. Sobald alles bei ständigem Rühren sprudelnd kocht, restlichen Zucker hinzufügen. Alles unter Rühren wieder zum Kochen bringen und unter ständigem Rühren mindestens 3 Minuten sprudelnd kochen lassen. Den Topf von der Kochstelle nehmen.

4 Das Kochgut evtl. abschäumen und sofort randvoll in vorbereitete Gläser füllen. Die Gläser mit Twist-off-Deckeln® verschließen, umdrehen und etwa 5 Minuten auf den Deckeln stehen lassen.

Tipp: Nach Belieben unter die fertig gekochte Marmelade 75 ml Whisky, Rum oder Orangenlikör rühren.

Granatapfelgelee
mit Bionade und Kokos

etwa 4 Gläser je 200 ml | Insgesamt: E: **5** g, F: **13** g, Kh: **481** g, kJ: **8761**, kcal: **2091**, BE: **40,0**

- 400 ml Granatapfel-Mehrfruchtsaft
- 330 ml Bionade Ingwer-Orange
- 20 g Kokosraspel
- 4 Stängel Minze
- 400 g Zucker
- 1 Beutel aus 1 Pck. Gelfix Extra 2:1 (25 g)
- 1 Pck. Zitronensäure (5 g)

1 Granatapfel-Mehrfruchtsaft mit Bionade und Kokosraspeln in einen großen Kochtopf geben.

2 Minze abspülen und trocken tupfen. Die Blättchen von den Stängeln zupfen. Große Blättchen halbieren.

3 Zucker mit Gelfix Extra mischen, zu dem Saftgemisch in den Topf geben und gut unterrühren.

4 Die Zutaten unter Rühren bei starker Hitze zum Kochen bringen und unter ständigem Rühren mindestens 3 Minuten sprudelnd kochen lassen. Die Zitronensäure unterrühren und den Topf von der Kochstelle nehmen.

5 Das Kochgut evtl. abschäumen. Minzeblättchen in den vorbereiteten Gläsern verteilen. Das heiße Kochgut sofort randvoll in vorbereitete Gläser füllen.

6 Die Gläser mit Twist-off-Deckeln® verschließen, umdrehen und etwa 5 Minuten auf den Deckeln stehen lassen.

7 Die Gläser während des Erkaltens gelegentlich umdrehen, damit sich die Kokosraspel und Minzeblättchen gleichmäßig verteilen.

Tipps: Statt 400 ml Granatapfel-Mehrfruchtsaft 100 ml Grenadine-Sirup und 300 ml Granatapfel-Mehrfruchtsaft verwenden. Oder Sie probieren statt Bionade Ingwer-Orange Bionade Holunder oder Bionade Litschi.
Das Granatapfelgelee schmeckt sehr gut zu geräucherter Entenbrust oder Ziegenkäse.

Zubereitungszeit: **30 Minuten** | Haltbarkeit: kühl und dunkel gestellt etwa **6 Monate**

Mandarinen-Punsch-Gelee mit Physalis (Foto)

etwa 5 Gläser je 300 ml | Insgesamt: E: **20** g, F: **11** g, Kh: **691** g, kJ: **13261**, kcal: **3163**, BE: **57,5**

- etwa 20 Mandarinen
- 1 Pck. Zitronensäure (5 g)
- 200 g getrocknete Physalis (z. B. Golden Physalis von Seeberger)
- 550 ml klarer Apfelsaft
- 500 g Super Gelierzucker 3:1
- 2 Beutel Punsch- oder Glühfix (je 2 g)

1 Die Mandarinen halbieren und auspressen. 750 ml Fruchtsaft abmessen und in einen großen Kochtopf geben. Zitronensäure unterrühren.

2 Getrocknete Physalis halbieren oder feiner hacken und hinzugeben. Apfelsaft und Gelierzucker unterrühren. Die Gewürzbeutel zugeben.

3 Die Zutaten unter Rühren bei starker Hitze zum Kochen bringen und unter ständigem Rühren mindestens 3 Minuten sprudelnd kochen lassen. Dabei darauf achten, dass die Gewürzbeutel nicht zerreißen. Den Kochtopf von der Kochstelle nehmen. Gewürzbeutel entfernen und vorsichtig ausdrücken.

4 Das Kochgut evtl. abschäumen und sofort randvoll in vorbereitete Gläser füllen. Die Gläser mit Twist-off-Deckeln® verschließen, umdrehen und etwa 5 Minuten auf den Deckeln stehen lassen.

Tipp: Statt der getrockneten Physalis können Sie auch große, getrocknete helle Weinbeeren (Sultaninen) verwenden.

Zubereitungszeit: **30 Minuten** | Haltbarkeit: kühl und dunkel gestellt etwa **6 Monate**

Blutorangengelee

etwa 5 Gläser je 200 ml | Insgesamt: E: **7** g, F: **1** g, Kh: **593** g, kJ: **10280**, kcal: **2430**, BE: **49,5**

- etwa 18 Blutorangen
- 500 g Extra Gelierzucker 2:1

1 Die Blutorangen halbieren und den Saft auspressen. 1 l Saft abmessen, evtl. mit Wasser auffüllen.

2 Saft mit Gelierzucker in einen Topf geben und gut verrühren. Alles unter Rühren bei starker Hitze zum Kochen bringen und unter ständigem Rühren mindestens 3 Minuten sprudelnd kochen lassen.

3 Das Kochgut evtl. abschäumen und sofort randvoll in vorbereitete Gläser füllen. Die Gläser mit Twist-off-Deckeln® verschließen, umdrehen und etwa 5 Minuten auf den Deckeln stehen lassen.

Mojito-Gelee

etwa 7 Gläser je 200 ml | Insgesamt: E: **2** g, F: **1** g, Kh: **1206** g, kJ: **21719**, kcal: **5189**, BE: **100,5**

3 Bio-Limetten (unbehandelt, ungewachst)
etwa 10 Limetten

100 ml weißer Rum
400 ml Zitronenlimonade
1 Beutel aus 1 Pck. Gelfix Classic (20 g)

1050 g Zucker
100 g Rohrzucker
2–3 EL gehackte Minzeblättchen

1 Die 3 Bio-Limetten heiß abwaschen, abtrocknen, dünn schälen und die Schale in sehr feine Streifen schneiden. Oder die Schale mit einem Zestenreißer in Streifen abziehen.

2 Alle Limetten halbieren und auspressen. 400 ml Saft abmessen. 100 ml Rum und 400 ml Zitronenlimonade hinzufügen.

3 Saftmischung in einen Kochtopf geben. Gelfix Classic erst mit 2 Esslöffeln Zucker mischen, dann mit dem Saft verrühren.

4 Kochgut unter Rühren bei starker Hitze zum Kochen bringen. Sobald alles bei ständigem Rühren durch und durch sprudelnd kocht, restlichen Zucker hinzufügen. Alles unter Rühren wieder zum Kochen bringen, mindestens 2 Minuten unter ständigem Rühren sprudelnd kochen lassen. Limettenschale und Minze hinzufügen und 1 Minute mitkochen lassen.

5 Den Topf von der Kochstelle nehmen. Kochgut evtl. abschäumen und sofort randvoll in vorbereitete Gläser füllen. Die Gläser mit Twist-off-Deckeln® verschließen, umdrehen und etwa 5 Minuten auf den Deckeln stehen lassen.

6 Die Gläser während des Erkaltens gelegentlich umdrehen, damit sich die Limettenschale und die Minzeblättchen besser verteilen.

Tipp: Für ein alkoholfreies Gelee kann der Alkohol durch 100 ml mehr Zitronenlimonade ersetzt werden.

Konfitüren & Fruchtaufstriche

Manche Getränke schmecken schon zum Frühstück auf dem Brötchen wunderbar: Einfach mal Birnenaufstrich „Hugo Art“ oder Konfitüre aus Fruchtpunsch, Rotwein oder Matchatee probieren.
Das kann es gerne jeden Morgen geben!

Zubereitungszeit: **30 Minuten** | Haltbarkeit: kühl und dunkel gestellt **3–4 Monate**

Erdbeer-Maracuja-Konfitüre (Foto)

etwa 7 Gläser je 200 ml | Insgesamt: E: **7** g, F: **3** g, Kh: **592** g, kJ: **10555**, kcal: **2487**, BE: **49,5**

- etwa 750 g Erdbeeren
- 500 ml Maracujanektar (25 % Fruchtanteil)
- 50 ml Zitronensaft
- 500 g Super Gelierzucker 3:1

1 Die Erdbeeren putzen, abspülen, abtropfen lassen, entstielen und 700 g abwiegen. Erdbeeren fein würfeln.

2 Erdbeerwürfel, Maracujanektar, Zitronensaft und Super Gelierzucker in einem großen Kochtopf gut verrühren. Die Zutaten unter Rühren bei starker Hitze zum Kochen bringen, unter ständigem Rühren mindestens 3 Minuten sprudelnd kochen lassen. Den Topf von der Kochstelle nehmen.

3 Das Kochgut evtl. abschäumen und sofort randvoll in vorbereitete Gläser füllen. Die Gläser mit Twist-off-Deckeln® verschließen, umdrehen und etwa 5 Minuten auf den Deckeln stehen lassen.

Zubereitungszeit: **30 Minuten** | Haltbarkeit: kühl und dunkel gestellt etwa **6 Monate**

Erdbeer-Rhabarber-Konfitüre

etwa 5 Gläser je 200 ml | Insgesamt: E: **7** g, F: **3** g, Kh: **531** g, kJ: **9709**, kcal: **2291**, BE: **44,5**

- etwa 625 g Erdbeeren
- etwa 525 g Rhabarber
- 500 g Extra Gelierzucker 2:1
- 1 Pck. Zitronensäure (5 g)

1 Erdbeeren putzen, abspülen, abtropfen lassen, entstielen, 600 g abwiegen und klein schneiden. Rhabarber abspülen, abtrocknen, evtl. abziehen, 400 g abwiegen und in sehr kleine Stücke schneiden.

2 Die Früchte mit Extra Gelierzucker und Zitronensäure in einem großen Kochtopf gut verrühren, unter ständigem Rühren bei starker Hitze zum Kochen bringen, mindestens 3 Minuten unter ständigem Rühren sprudelnd kochen lassen. Den Topf von der Kochstelle nehmen.

3 Das Kochgut evtl. abschäumen und sofort randvoll in vorbereitete Gläser füllen. Die Gläser mit Twist-off-Deckeln® verschließen, umdrehen und etwa 5 Minuten auf den Deckeln stehen lassen.

Zubereitungszeit: **25 Minuten** | Haltbarkeit: kühl und dunkel gestellt **6–8 Monate**

Birnenaufstrich „Hugo Art“ (im Foto oben)

etwa 3 Gläser je 400 ml | Insgesamt: E: **5** g, F: **3** g, Kh: **722** g, kJ: **12756**, kcal: **3021**, BE: **60,0**

- etwa 1,2 kg Birnen
- 75 ml Holunderblütensirup
- 3–4 EL Minz-Aromasirup
- 125 ml Limettensaft (von etwa 5 Limetten)
- 1 Pck. Zitronensäure (5 g)
- 500 g Extra Gelierzucker 2:1

1 Birnen halbieren, vierteln, schälen und entkernen. 900 g Birnenfruchtfleisch abwiegen und in feine Stücke schneiden.

2 Birnenstücke mit Holunderblüten- und Minzsirup in einem großen Topf vermischen. Etwa die Hälfte der Birnenstücke im Topf pürieren.

3 Limettensaft, Zitronensäure und Extra Gelierzucker hinzugeben, alles gut verrühren. Die Zutaten unter Rühren bei starker Hitze zum Kochen bringen und unter ständigem Rühren mindestens 3 Minuten sprudelnd kochen lassen. Den Kochtopf von der Kochstelle nehmen.

4 Das Kochgut evtl. abschäumen, sofort randvoll in vorbereitete Gläser füllen. Die Gläser mit Twist-off-Deckeln® verschließen, umdrehen und etwa 5 Minuten auf den Deckeln stehen lassen.

Zubereitungszeit: **25 Minuten** | Haltbarkeit: kühl und dunkel gestellt etwa **6 Monate**

Pfirsichaufstrich al veneziano (im Foto unten)

3–4 Gläser je 400 ml | Insgesamt: E: **10** g, F: **2** g, Kh: **664** g, kJ: **12933**, kcal: **3087**, BE: **55,5**

- etwa 1,8 kg reife Pfirsiche (z. B. weiße Weinbergpfirsiche)
- 400 ml frisch gepresster Orangensaft
- 200 ml Aperol Bitter
- 1 Vanilleschote
- 500 g Super Gelierzucker 3:1
- 3 Pck. Zitronensäure (15 g)

1 Die Pfirsiche kreuzweise einschneiden, portionsweise mit kochendem Wasser übergießen. Nach etwa 1 Minute die Pfirsiche kalt abschrecken, die Schalen der Pfirsiche abziehen. Pfirsiche halbieren, entsteinen. 900 g Pfirsichfruchtfleisch abwiegen und fein würfeln.

2 Pfirsichfruchtfleisch, Orangensaft und Likör in einen großen Topf geben. Die Vanilleschote längs aufschneiden und das Mark herausschaben. Das Vanillemark unter die Fruchtmischung rühren. Gelierzucker mit Zitronensäure hinzugeben und alles gut verrühren. Die Vanilleschote zugeben.

3 Die Zutaten unter Rühren bei starker Hitze zum Kochen bringen und unter ständigem Rühren mindestens 3 Minuten sprudelnd kochen lassen. Den Kochtopf von der Kochstelle nehmen. Die Vanilleschote entfernen.

4 Das Kochgut evtl. abschäumen, sofort randvoll in vorbereitete Gläser füllen. Die Gläser mit Twist-off-Deckeln® verschließen, umdrehen und etwa 5 Minuten auf den Deckeln stehen lassen.

HUGO
ART

Zubereitungszeit: **35 Minuten** | Haltbarkeit: kühl und dunkel gestellt **3–4 Monate**

Matchatee-Konfitüre (Foto)

etwa 5 Gläser je 200 ml | Insgesamt: E: **8** g, F: **2** g, Kh: **690** g, kJ: **11908**, kcal: **2849**, BE: **57,5**

- etwa 300 g kernlose, grüne Weintrauben
- 225 g abgetropfte Litschis (aus der Dose)
- 225 ml weißer Traubensaft
- 275 ml Litschisaft (aus der Dose)
- 2 gestr. TL Matchatee-Pulver
- 1 Beutel aus 1 Pck. Gelfix Extra 2:1 (25 g)
- 500 g Zucker

1 Weintrauben abspülen, gut abtropfen lassen und entstielen. Weintrauben in kleine Stücke schneiden und 275 g abwiegen. Litschifrüchte in kleine Stücke schneiden, mit den Weintraubenstücken in einen großen Kochtopf geben. Trauben- und Litschisaft hinzufügen.

2 Matchatee-Pulver mit Gelfix Extra und Zucker gut vermischen, hinzugeben und unterrühren. Die Zutaten unter Rühren bei starker Hitze zum Kochen bringen und unter ständigem Rühren mindestens 3 Minuten sprudelnd kochen lassen. Den Topf von der Kochstelle nehmen.

3 Das Kochgut evtl. abschäumen und sofort randvoll in vorbereitete Gläser füllen. Die Gläser mit Twist-off-Deckeln® verschließen, umdrehen und etwa 5 Minuten auf den Deckeln stehen lassen.

Zubereitungszeit: **50 Minuten** | Haltbarkeit: kühl und dunkel gestellt etwa **1 Jahr**

Ananas-Limetten-Konfitüre

etwa 5 Gläser je 200 ml | Insgesamt: **3** g, F: **4** g, Kh: **407** g, kJ: **7339**, kcal: **1730**, BE: **34,0**

- 2–3 Bio-Limetten (unbehandelt, ungewachst)
- 400 ml Wasser
- 500 g geschältes Ananasfruchtfleisch ohne Strunk
- 350 g Gelier Fruchtzucker 3:1

1 Limetten heiß abwaschen, abtrocknen, vierteln, in dünne Scheiben schneiden und mit dem Wasser in einem Topf zum Kochen bringen. Das Ganze dann ohne Deckel etwa 20 Minuten bei schwacher Hitze einkochen lassen.

2 Limettenscheiben in einem Sieb abtropfen lassen, dabei die Limettenflüssigkeit auffangen.

3 Ananasfruchtfleisch in kleine Stücke schneiden. Ananasstücke und Limettenscheiben abwiegen. Aufgefangene Limettenflüssigkeit dazugeben, sodass es zusammen 950–1000 g ergibt, evtl. mit etwas Wasser auffüllen.

4 Die Fruchtmischung mit dem Gelier Fruchtzucker in einem großen Kochtopf verrühren. Alles unter Rühren bei starker Hitze zum Kochen bringen und unter ständigem Rühren mindestens 3 Minuten sprudelnd kochen lassen. Topf von der Kochstelle nehmen.

5 Das Kochgut evtl. abschäumen und sofort randvoll in vorbereitete Gläser füllen. Gläser mit Twist-off-Deckeln® verschließen, umdrehen und etwa 5 Minuten auf den Deckeln stehen lassen.

Zubereitungszeit: **25 Minuten** | Haltbarkeit: kühl und dunkel gestellt etwa **1 Jahr**

Apfel-Pflaumen-Konfitüre (Foto)

etwa 5 Gläser je 200 ml | Insgesamt: E: **3** g, F: **1** g, Kh: **450** g, kJ: **7950**, kcal: **1873**, BE: **37,5**

etwa 400 g rote Pflaumen
650 ml Apfelsaft
1 Pck. Zitronensäure (5 g)
350 g Gelier Fruchtzucker

1 Pflaumen abspülen, abtropfen lassen, halbieren und entsteinen. Pflaumenhälften in kleine Stücke schneiden und 350 g abwiegen.

2 Pflaumenstücke, Apfelsaft, Zitronensäure und Gelier Fruchtzucker in einem großen Kochtopf gut verrühren. Alles unter Rühren bei starker Hitze zum Kochen bringen, unter ständigem Rühren mindestens 3 Minuten sprudelnd kochen lassen. Topf von der Kochstelle nehmen.

3 Kochgut evtl. abschäumen und sofort randvoll in vorbereitete Gläser füllen. Gläser mit Twist-off-Deckeln® verschließen, umdrehen und etwa 5 Minuten auf den Deckeln stehen lassen.

4 Gläser während des Erkaltens gelegentlich umdrehen, damit sich die Pflaumenstückchen besser verteilen.

Zubereitungszeit: **65 Minuten** | Haltbarkeit: kühl und dunkel gestellt etwa **1 Jahr**

Pflaumenkonfitüre

7–8 Gläser je 200 ml | Insgesamt: E: **6** g, F: **2** g, Kh: **1258** g, kJ: **21852**, kcal: **5224**, BE: **105,0**

etwa 1 ½ kg Pflaumen
2 EL Zitronensaft
1 Beutel aus 1 Pck. Gelfix Classic 1:1 (20 g)
1150 g Zucker
1 TL gem. Zimt
evtl. 4 EL Zwetschenwasser

1 Pflaumen abspülen, abtropfen lassen, halbieren, entsteinen und 1 kg abwiegen. Die Hälfte der Pflaumen grob, die andere Hälfte klein würfeln. Die grob gewürfelten Pflaumen pürieren. Pflaumenwürfel und -püree mit Zitronensaft in einen großen Kochtopf geben.

2 Gelfix Classic zuerst mit 2 Esslöffeln vom Zucker mischen, dann mit der Pflaumenmasse gut verrühren. Das Kochgut unter Rühren bei starker Hitze zum Kochen bringen. Sobald alles bei ständigem Rühren sprudelnd kocht, restlichen Zucker unterrühren.

3 Alles unter Rühren wieder zum Kochen bringen und unter ständigem Rühren mindestens 3 Minuten sprudelnd kochen lassen. Zimt unterrühren. Evtl. Zwetschenwasser unterrühren. Den Topf von der Kochstelle nehmen.

4 Das Kochgut evtl. abschäumen und sofort randvoll in vorbereitete Gläser füllen. Die Gläser mit Twist-off-Deckeln® verschließen, umdrehen und etwa 5 Minuten auf den Deckeln stehen lassen.

Zubereitungszeit: **35 Minuten** | Haltbarkeit: kühl und dunkel gestellt **3–4 Monate**

Mango-Birnen-Konfitüre mit Avocado

etwa 5 Gläser je 200 ml | Insgesamt: E: **6** g, F: **22** g, Kh: **598** g, kJ: **11247**, kcal: **2658**, BE: **50,0**

- 2 Mangos (etwa 650 g)
- etwa 450 g reife Birnen
- 1 große Avocado
- 50 ml trockener Weißwein
- 1 Stange Zimt
- 500 g Extra Gelierzucker 2:1
- evtl. 1 Pck. Zitronensäure (5 g)

1 Von den Mangos das Fruchtfleisch von den Steinen schneiden. Fruchtfleisch schälen, fein schneiden und 400 g abwiegen.

2 Die Birnen schälen, vierteln, entkernen, in kleine Stücke schneiden und 400 g abwiegen.

3 Die Avocado in der Mitte längs durchschneiden und den Stein herauslösen. Avocadofruchtfleisch aus den Schalen lösen, in Stücke schneiden und 150 g abwiegen.

4 Mango-, Birnen- und Avocadostücke, Wein und Zimtstange in einen Kochtopf geben, mit Extra Gelierzucker und nach Belieben mit Zitronensäure gut verrühren.

5 Die Zutaten unter Rühren bei starker Hitze zum Kochen bringen und unter ständigem Rühren mindestens 3 Minuten sprudelnd kochen lassen. Den Topf von der Kochstelle nehmen.

6 Das Kochgut evtl. abschäumen und sofort randvoll in vorbereitete Gläser füllen. Die Gläser mit Twist-off-Deckeln® verschließen, umdrehen und etwa 5 Minuten auf den Deckeln stehen lassen.

Tipps: Statt Weißwein Birnenlikör oder Birnen- oder Bananennektar verwenden. Sie können auch den Weißwein durch 50 ml Zitronensaft ersetzen, dann keine Zitronensäure verwenden.

Zubereitungszeit: **30 Minuten** | Haltbarkeit: kühl und dunkel gestellt etwa **1 Jahr**

Brombeerkonfitüre mit Rotwein (Foto)

etwa 7 Gläser je 200 ml | Insgesamt: E: **7** g, F: **5** g, Kh: **945** g, kJ: **17147**, kcal: **4097**, BE: **79,0**

- 525 g Brombeeren
- 400 ml trockener Rotwein
- 1 Beutel aus 1 Pck. Gelfix Classic 1:1 (20 g)
- 900 g Zucker

1 Brombeeren verlesen, evtl. kurz abspülen, gut abtropfen lassen und 500 g abwiegen.

2 Brombeeren und Rotwein in einen großen Kochtopf geben. Gelfix Classic zuerst mit 2 Esslöffeln vom Zucker mischen, dann mit der Fruchtmasse gut verrühren. Die Zutaten unter Rühren bei starker Hitze zum Kochen bringen.

3 Sobald alles bei ständigem Rühren sprudelnd kocht, restlichen Zucker hinzufügen. Alles unter Rühren wieder zum Kochen bringen und unter ständigem Rühren mindestens 3 Minuten sprudelnd kochen lassen. Den Topf von der Kochstelle nehmen.

4 Das Kochgut evtl. abschäumen und sofort randvoll in vorbereitete Gläser füllen.

5 Die Gläser mit Twist-off-Deckeln® verschließen, umdrehen und etwa 5 Minuten auf den Deckeln stehen lassen.

Zubereitungszeit: **40 Minuten** | Haltbarkeit: kühl und dunkel gestellt etwa **1 Jahr**

Sauerkirsch-Brombeer-Konfitüre

etwa 7 Gläser je 200 ml | Insgesamt: E: **10** g, F: **7** g, Kh: **1211** g, kJ: **21156**, kcal: **5053**, BE: **101,0**

- etwa 700 g Sauerkirschen
- etwa 425 g Brombeeren
- 1 Pck. Zitronensäure
- 1150 g brauner Zucker
- 1 Beutel aus 1 Pck. Gelfix Classic 1:1 (20 g)

1 Sauerkirschen abspülen, abtropfen lassen, entstielen, entsteinen und 600 g abwiegen. Brombeeren verlesen, abspülen, abtropfen lassen und 400 g abwiegen.

2 Die Früchte in einen großen Kochtopf geben und grob pürieren. Zitronensäure unterrühren. 2 Esslöffel vom Zucker mit Gelfix Classic mischen und mit den Früchten verrühren. Das Kochgut unter ständigem Rühren bei starker Hitze zum Kochen bringen.

3 Sobald alles durch und durch sprudelnd kocht, restlichen Zucker hinzufügen, alles unter Rühren wieder zum Kochen bringen und mindestens 3 Minuten unter Rühren sprudelnd kochen lassen. Den Kochtopf von der Kochstelle nehmen.

4 Das Kochgut evtl. abschäumen, sofort randvoll in vorbereitete Gläser füllen, mit Twist-off-Deckeln® verschließen, umdrehen und 5 Minuten auf den Deckeln stehen lassen.

Mispel-Rhabarber-Konfitüre

etwa 5 Gläser je 200 ml | Insgesamt: E: **6** g, F: **2** g, Kh: **551** g, kJ: **9710**, kcal: **2289**, BE: **46,0**

- etwa 750 g Rhabarber
- etwa 800 g japanische Mispeln (Loquats)
- 4 EL Zitronensaft
- 1 Pck. Dr. Oetker Bourbon-Vanille-Zucker
- 500 g Extra Gelierzucker 2:1

1 Rhabarber putzen, die Stielenden und Blattansätze entfernen. Rhabarberstangen evtl. abziehen, abspülen, abtropfen lassen, in kleine Würfel schneiden und 500 g abwiegen.

2 Mispeln abspülen, abtropfen lassen, vierteln und entkernen. Von den Mispelvierteln die Haut abziehen und die Blütenreste entfernen (evtl. Handschuhe anziehen, da die Früchte leicht färben).

3 Das Mispelfruchtfleisch sehr fein würfeln, 500 g abwiegen, mit den Rhabarberwürfeln und dem Zitronensaft in einem Kochtopf vermischen. Vanille-Zucker und Extra Gelierzucker gut unterrühren.

4 Die Zutaten unter Rühren bei starker Hitze zum Kochen bringen und unter ständigem Rühren mindestens 3 Minuten sprudelnd kochen lassen. Den Topf von der Kochstelle nehmen.

5 Das Kochgut evtl. abschäumen und sofort randvoll in vorbereitete Gläser füllen. Die Gläser mit Twist-off-Deckeln® verschließen, umdrehen und etwa 5 Minuten auf den Deckeln stehen lassen.

Tipp: Die leuchtend orangefarbenen Mispeln erhalten Sie je nach Herkunftsland z. B. von Mai bis Juni.

Rezeptvariante:

Für eine **Mispel-Himbeer-Konfitüre** etwa 1 ¼ kg japanische Mispeln (Loquats) wie im Rezept unter Punkt 2 beschrieben vorbereiten, fein würfeln und 800 g Fruchtfleisch abwiegen. Zusammen mit 200 g vorbereiteten Himbeeren in den Kochtopf geben und mit 500 g Extra Gelierzucker vermischen. Die Zutaten wie beschrieben kochen lassen. Die Konfitüre in die vorbereiteten Gläser füllen und die Gläser verschließen. Anstelle von frischen Himbeeren können Sie auch TK-Himbeeren verwenden. Die Früchte einfach tiefgekühlt abwiegen und auftauen. Den entstehenden Saft bei der Zubereitung mitverwenden.

Zubereitungszeit: **50 Minuten** | Haltbarkeit: kühl und dunkel gestellt **3–4 Monate**

Kürbis-Preiselbeer-Schichtkonfitüre

etwa 5 Gläser je 200 ml | Insgesamt: E: **8** g, F: **2** g, Kh: **558** g, kJ: **9873**, kcal: **2328**, BE: **46,5**

Für die Kürbiskonfitüre:
etwa 725 g Hokkaido-Kürbis
etwa 1 walnussgroßes Stück Ingwer
250 ml frisch gepresster Orangensaft
375 g Extra Gelierzucker 2:1

Für die Preiselbeerkonfitüre:
etwa 265 g Preiselbeeren
125 g Extra Gelierzucker 2:1

1 Für die Kürbiskonfitüre Kürbis schälen, halbieren, entkernen, in kleine Würfel schneiden und 500 g Fruchtfleisch abwiegen. Ingwer schälen, in sehr kleine Würfel schneiden und einen halben Teelöffel davon abmessen.

2 Kürbiswürfel mit Ingwer und Orangensaft in einen Kochtopf geben, mit einem Pürierstab zerkleinern. Extra Gelierzucker gut unterrühren.

3 Die Zutaten unter Rühren bei starker Hitze zum Kochen bringen und 3 Minuten unter ständigem Rühren sprudelnd kochen lassen. Den Topf von der Kochstelle nehmen.

4 Das Kochgut evtl. abschäumen und sofort bis zu einem Drittel in die vorbereiteten Gläser füllen.

5 Für die Preiselbeerkonfitüre die Preiselbeeren verlesen, abspülen, gut abtropfen lassen und 250 g abwiegen. Preiselbeeren in einem Kochtopf mit dem Extra Gelierzucker gut verrühren, unter Rühren bei starker Hitze zum Kochen bringen und 3 Minuten unter ständigem Rühren sprudelnd kochen lassen. Den Topf von der Kochstelle nehmen.

6 Preiselbeermasse evtl. abschäumen und vorsichtig auf der Kürbiskonfitüre verteilen. Restliche Kürbiskonfitüre evtl. nochmals kurz aufkochen und vorsichtig mit einem Esslöffel auf der Preiselbeerkonfitüre in den Gläsern verteilen, bis die Gläser randvoll sind.

7 Die Gläser mit Twist-off-Deckeln® verschließen. Die Gläser nicht umdrehen, sonst laufen die Konfitüren ineinander.

Mispel-Kiwi-Konfitüre

etwa 5 Gläser je 200 ml | Insgesamt: E: **7** g, F: **4** g, Kh: **575** g, kJ: **10491**, kcal: **2478**, BE: **48,0**

- 5 gelbe Kiwis (etwa 500 g)
- 2 Bio-Zitronen (unbehandelt, ungewachst)
- etwa 800 g japanische Mispeln (Loquats)
- 500 g Extra Gelierzucker 2:1

1 Kiwis dünn schälen, in kleine Würfel schneiden und 400 g abwiegen.

2 Zitronen heiß abwaschen und abtrocknen. Eine Zitrone sehr dünn schälen. Die Schale in feine Streifen schneiden. Die Schale der zweiten Zitrone dünn abreiben. Beide Zitronen halbieren, auspressen und 80 ml Saft abmessen.

3 Mispeln abspülen, abtropfen lassen, vierteln und entkernen. Von den Mispelvierteln die Haut abziehen und die Blütenreste entfernen (evtl. Handschuhe anziehen, da die Früchte leicht färben).

4 Das Mispelfruchtfleisch sehr fein würfeln und 500 g abwiegen.

5 Kiwi- und Mispelwürfel mit dem Zitronensaft und der Zitronenschale in einen großen Kochtopf geben und gut verrühren. Extra Gelierzucker unterrühren.

6 Die Zutaten unter Rühren bei starker Hitze zum Kochen bringen und unter ständigem Rühren mindestens 3 Minuten sprudelnd kochen lassen. Den Topf von der Kochstelle nehmen.

7 Das Kochgut evtl. abschäumen und sofort randvoll in vorbereitete Gläser füllen. Die Gläser mit Twist-off-Deckeln® verschließen, umdrehen und etwa 5 Minuten auf den Deckeln stehen lassen.

Tipp: Die Konfitüre schmeckt auch gut zu gebratener Hähnchenbrust. Nach dem Braten einfach etwas Konfitüre in die heiße Pfanne geben und mit dem Bratensatz verrühren. Evtl. mit etwas Cayennepfeffer oder Ingwer würzen.

Punschaufstrich

etwa 3 Gläser je 340 ml | Insgesamt: E: **3** g, F: **0** g, Kh: **513** g, kJ: **8834**, kcal: **2112**, BE: **43,0**

250 ml frisch gepresster Orangensaft
500 ml roter Traubensaft

400 g brauner Zucker
1 Beutel aus 1 Pck. Gelfix Extra 2:1 (25 g)
Saft von 1 Zitrone

3 Gewürznelken
8 Tropfen Rum-Aroma

1 Den Orangensaft durch ein Sieb in einen Kochtopf gießen. Den Traubensaft hinzugießen.

2 Zucker mit Gelfix Extra vermischen, dann mit dem Saftgemisch und dem Zitronensaft verrühren. Die Gewürznelken hinzufügen.

3 Die Zutaten unter Rühren bei starker Hitze zum Kochen bringen und unter ständigem Rühren mindestens 3 Minuten sprudelnd kochen lassen. Den Kochtopf von der Kochstelle nehmen. Das Rum-Aroma unterrühren

4 Das Kochgut evtl. abschäumen, Gewürznelken entfernen und sofort randvoll in vorbereitete Gläser füllen.

5 Gläser mit Twist-off-Deckeln® verschließen, umdrehen, etwa 5 Minuten auf den Deckeln stehen lassen.

Tipp: Zum Verschenken eine verschließbare Holzkiste mit Holzwolle auslegen und die mit Geschenkanhängern versehenen Gläser (nicht vergessen, auch auf die Gläser zu schreiben, was drin ist) so hineinstellen, dass sie nicht verrutschen können. Ausreichend Holzwolle auf die Gläser legen und die Kiste gut verschließen, nach Belieben rustikal in Packpapier verpacken und mit Paket- und Geschenkband dekorieren. Schön sieht es aus, wenn Sie die Gläserdeckel mit rund ausgeschnittenen (evtl. mit einer Zackenschere ausschneiden) Packpapierstücken ummanteln und mit Bändchen verschließen. Auch selbst bestempelte, selbst klebende Bänder, die Sie einfach um die Gläser wickeln, machen viel her.

Zubereitungszeit: **35 Minuten** | Haltbarkeit: kühl und dunkel gestellt **3–4 Monate**

Pitahaya-Konfitüre (Foto)

etwa 5 Gläser je 200 ml | Insgesamt: E: **7** g, F: **3** g, Kh: **565** g, kJ: **10135**, kcal: **2393**, BE: **47,0**

3–4 rote Pitahaya-Früchte
300 ml Ananassaft
1 EL Zitronensaft
500 g Extra Gelierzucker 2:1
2 EL Rum

1 Pitahayas halbieren und das Fruchtfleisch jeweils mit einem Löffel herauslösen. Das Fruchtfleisch mit einer Gabel zerdrücken, mit dem entstandenen Fruchtsaft insgesamt 600 g abwiegen und in einen Kochtopf geben.

2 Ananas-, Zitronensaft und Extra Gelierzucker hinzufügen und gut verrühren. Die Zutaten unter Rühren bei starker Hitze zum Kochen bringen und unter ständigem Rühren mindestens 3 Minuten sprudelnd kochen lassen. Den Topf von der Kochstelle nehmen. Rum unterrühren.

3 Das Kochgut evtl. abschäumen und sofort randvoll in vorbereitete Gläser füllen. Die Gläser mit Twist-off-Deckeln® verschließen, umdrehen und etwa 5 Minuten auf den Deckeln stehen lassen.

4 Die Gläser während des Erkaltens gelegentlich umdrehen, damit sich die Pitahayakerne gleichmäßig verteilen.

Zubereitungszeit: **50 Minuten** | Haltbarkeit: kühl und dunkel gestellt **3–4 Monate**

Kaktusfeigen-Konfitüre

etwa 5 Gläser je 200 ml | Insgesamt: E: **10** g, F: **4** g, Kh: **564** g, kJ: **10042**, kcal: **2371**, BE: **47,0**

15–18 Kaktusfeigen
(je etwa 150 g)
2 EL Limetten- oder Zitronensaft
500 g Extra Gelierzucker 2:1
1 Pck. Zitronensäure (5 g)

1 Kaktusfeigen schälen, dazu von den Früchten an den beiden Enden je eine flache Scheibe abschneiden. Die Fruchthaut mit einem Messer der Länge nach bis ins Fruchtfleisch aufschlitzen und die Haut abziehen. Achtung: Die Kaktusfeigenschale ist mit Stacheln behaftet, nehmen Sie zum Halten der Früchte eine Gabel und tragen Sie Küchenhandschuhe!

2 Das Fruchtfleisch in einen großen Kochtopf geben und pürieren. Limetten- oder Zitronensaft und Gelierzucker unterrühren.

3 Die Zutaten unter Rühren bei starker Hitze zum Kochen bringen und unter ständigem Rühren mindestens 3 Minuten sprudelnd kochen lassen. Den Topf von der Kochstelle nehmen.

4 Das Kochgut evtl. abschäumen. Die Zitronensäure unterrühren. Kochgut sofort randvoll in vorbereitete Gläser füllen. Gläser mit Twist-off-Deckeln® verschließen, umdrehen und etwa 5 Minuten auf den Deckeln stehen lassen.

Zubereitungszeit: **35 Minuten** | Haltbarkeit: kühl und dunkel gestellt **3–4 Monate**

Ananas-Apfel-Konfitüre mit Sauerkrautsaft (Foto)

etwa 5 Gläser je 200 ml | Insgesamt: E: **4** g, F: **2** g, Kh: **617** g, kJ: **10691**, kcal: **2555**, BE: **51,5**

- 500 g geschältes Ananasfruchtfleisch ohne Strunk
- 2–3 Äpfel, z. B. Jonagold
- 200 ml naturtrüber Sauerkrautsaft
- 500 g Zucker
- 1 Beutel aus 1 Pck. Gelfix Extra 2:1 (25 g)
- 1 Pck. Zitronensäure (5 g)

1 Ananas in kleine Stücke schneiden. Äpfel schälen, vierteln, entkernen, in kleine Stücke schneiden und 300 g abwiegen.

2 Ananas- und Apfelstücke mit dem Sauerkrautsaft in einen großen Topf geben.

3 Zucker mit Gelfix Extra und Zitronensäure mischen, zu der Fruchtmasse in den Topf geben und gut unterrühren. Die Zutaten unter Rühren bei starker Hitze zum Kochen bringen und unter ständigem Rühren mindestens 3 Minuten sprudelnd kochen lassen. Den Kochtopf von der Kochstelle nehmen.

4 Das Kochgut evtl. abschäumen und sofort randvoll in vorbereitete Gläser füllen. Gläser mit Twist-off-Deckeln® verschließen, umdrehen, etwa 5 Minuten auf den Deckeln stehen lassen.

Tipp: Die Konfitüre statt süßem Senf zu Weißwurst reichen.

Zubereitungszeit: **45 Minuten** | Haltbarkeit: kühl und dunkel gestellt **3–4 Monate**

Kürbis-Apfel-Konfitüre

etwa 5 Gläser je 200 ml | Insgesamt: E: **7** g, F: **3** g, Kh: **608** g, kJ: **10489**, kcal: **2504**, BE: **50,5**

- etwa 725 g Hokkaido-Kürbis
- 4–5 Äpfel
- 500 g Zucker
- 1 Beutel aus 1 Pck. Gelfix Extra 2:1 (25 g)
- 1 Pck. Dr. Oetker Vanillin-Zucker

1 Kürbis schälen, halbieren, entkernen, in kleine Stücke schneiden und 500 g abwiegen. Äpfel schälen, vierteln, entkernen, in kleine Stücke schneiden und 500 g abwiegen.

2 Kürbis- und Apfelstücke in einen großen Kochtopf geben. Zucker mit Gelfix Extra und Vanillin-Zucker mischen, dann mit der Kürbis-Apfel-Masse verrühren.

3 Alles unter Rühren bei starker Hitze zum Kochen bringen, unter ständigem Rühren mindestens 3 Minuten sprudelnd kochen lassen. Topf von der Kochstelle nehmen.

4 Das Kochgut evtl. abschäumen und sofort randvoll in vorbereitete Gläser füllen. Die Gläser mit Twist-off-Deckeln® verschließen, umdrehen und etwa 5 Minuten auf den Deckeln stehen lassen.

Zubereitungszeit: **20 Minuten** | Haltbarkeit: kühl und dunkel gestellt etwa **6 Monate**

Kartoffelkonfitüre mit Apfelnote (Foto)

etwa 7 Gläser je 200 ml | Insgesamt: E: **9** g, F: **1** g, Kh: **634** g, kJ: **11669**, kcal: **2760**, BE: **53,0**

- etwa 500 g mehligkochende Kartoffeln
- etwa 400 g Äpfel
- 500 ml Cidre (franz. Apfelwein) oder Apfelsaft
- 2 Pck. Zitronensäure (10 g)
- 1 Pck. Dr. Oetker Bourbon-Vanille-Zucker
- 500 g Extra Gelierzucker 2:1

1 Kartoffeln schälen, auf einer feinen Reibe musig reiben und 400 g abwiegen. Äpfel schälen, vierteln, entkernen und ebenfalls sehr fein reiben, 300 g davon abwiegen.

2 Kartoffel- und Apfelmus mit Cidre oder Saft, Zitronensäure, Vanille-Zucker und Gelierzucker in einem Topf mischen.

3 Alles unter Rühren bei starker Hitze zum Kochen bringen und unter ständigem Rühren mindestens 5 Minuten sprudelnd kochen. Topf von der Kochstelle nehmen.

4 Das Kochgut evtl. abschäumen und sofort randvoll in vorbereitete Gläser füllen. Die Gläser mit Twist-off-Deckeln® verschließen, umdrehen und etwa 5 Minuten auf den Deckeln stehen lassen.

Zubereitungszeit: **45 Minuten** | Garzeit: etwa **45 Minuten**
Haltbarkeit: kühl und dunkel gestellt etwa **6 Monate**

Bratapfel-Marzipan-Aufstrich

etwa 4 Gläser je 400 ml | Insgesamt: E: **24** g, F: **64** g, Kh: **752** g, kJ: **15950**, kcal: **3788**, BE: **62,5**

- etwa 1 ½ kg säuerliche Äpfel
- 50 ml Zitronensaft
- 50 g brauner Zucker
- ½ TL gem. Zimt
- 200 g Marzipan-Rohmasse
- 200 ml Apfelsaft
- 3–4 EL Mandelaroma-Sirup
- 500 g Extra Gelierzucker 2:1
- 1 Pck. Zitronensäure (5 g)

1 Den Backofen vorheizen. Ober-/Unterhitze: etwa 200 °C, Heißluft: etwa 180 °C.

2 Äpfel abspülen, abtrocknen, vierteln und entkernen. Apfelviertel halbieren, mit Zitronensaft in einer großen, flachen Auflaufform mischen. Zucker mit Zimt mischen und daraufstreuen. Die Form auf dem Rost in den vorgeheizten Backofen schieben. Die Apfelstücke etwa 45 Minuten garen.

3 Die Form auf einem Kuchenrost stellen. Die Apfelmasse durch ein feines Sieb streichen oder durch ein Passiergerät („Flotte Lotte") passieren.

4 Vom Bratapfelmus 600 g abwiegen und in einen großen Topf geben. Die Marzipan-Rohmasse grob raspeln, mit Apfelsaft und Sirup hinzugeben. Extra Gelierzucker und Zitronensäure unterrühren.

5 Alles unter Rühren bei starker Hitze zum Kochen bringen, unter ständigem Rühren mindestens 3 Minuten sprudelnd kochen lassen. Achtung: Masse spritzt stark! Topf von der Kochstelle nehmen.

6 Das Kochgut evtl. abschäumen, sofort randvoll in vorbereitete Gläser füllen. Die Gläser mit Twist-off-Deckeln® verschließen, umdrehen und etwa 5 Minuten auf den Deckeln stehen lassen.

Zubereitungszeit: **40 Minuten** | Haltbarkeit: kühl und dunkel gestellt etwa **1 Jahr**

Physalis-Mango-Konfitüre (Foto)

etwa 5 Gläser je 200 ml | Insgesamt: E: **12** g, F: **6** g, Kh: **631** g, kJ: **11185**, kcal: **2674**, BE: **52,5**

etwa 450 g Physalis (Kapstachelbeeren)
1–2 Mangos (etwa 450 g)
300 g geschältes Ananasfruchtfleisch ohne Strunk
500 g brauner Rohrzucker
1 Beutel aus 1 Pck. Gelfix Extra 2:1 (25 g)

1 Die Physalis aus den Hüllen lösen und entstielen. Die Physalis abspülen, gut abtropfen lassen, in kleine Stücke schneiden und 400 g abwiegen.

2 Mangofruchtfleisch von den Steinen schneiden, schälen, in kleine Stücke schneiden, 300 g abwiegen. Ananas in kleine Stücke schneiden.

3 Die Fruchtstücke in einen Kochtopf geben. Zucker mit Gelfix Extra mischen, dann mit den Fruchtstücken gut verrühren.

4 Die Zutaten unter Rühren bei starker Hitze zum Kochen bringen und unter ständigem Rühren mindestens 3 Minuten sprudelnd kochen lassen. Den Topf von der Kochstelle nehmen.

5 Das Kochgut evtl. abschäumen und sofort randvoll in vorbereitete Gläser füllen. Die Gläser mit Twist-off-Deckeln® verschließen, umdrehen und etwa 5 Minuten auf den Deckeln stehen lassen.

Zubereitungszeit: **45 Minuten** | Haltbarkeit: kühl und dunkel gestellt **3–4 Monate**

Grapefruit-Physalis-Konfitüre

etwa 5 Gläser je 200 ml | Insgesamt: E: **9** g, F: **3** g, Kh: **578** g, kJ: **10512**, kcal: **2484**, BE: **48,0**

5–6 rosé Grapefruits
etwa 225 g Physalis (Kapstachelbeeren)
500 g Extra Gelierzucker 2:1

1 Die Grapefruits so schälen, dass die weiße Haut vollständig entfernt wird. Grapefruits filetieren, dabei den Saft auffangen. 800 g Filets mit Saft abwiegen, in einen großen Kochtopf geben und pürieren.

2 Die Physalis enthäuten, abspülen, gut abtropfen lassen, entstielen und 200 g abwiegen. Physalis in Viertel schneiden, mit dem Extra Gelierzucker zu dem Grapefruitpüree in den Topf geben und gut verrühren.

3 Die Zutaten unter Rühren bei starker Hitze zum Kochen bringen und unter ständigem Rühren mindestens 3 Minuten sprudelnd kochen lassen. Den Topf von der Kochstelle nehmen.

4 Das Kochgut evtl. abschäumen und sofort randvoll in vorbereitete Gläser füllen. Die Gläser mit Twist-off-Deckeln® verschließen, umdrehen und etwa 5 Minuten auf den Deckeln stehen lassen.

Zubereitungszeit: **45 Minuten** | Haltbarkeit: kühl und dunkel gestellt etwa **1 Jahr**

Heidelbeer-Ananas-Konfitüre (Foto)

etwa 5 Gläser je 200 ml | Insgesamt: E: **6** g, F: **5** g, Kh: **572** g, kJ: **10561**, kcal: **2494**, BE: **47,5**

- etwa 725 g Heidelbeeren
- 300 g geschältes Ananasfruchtfleisch ohne Strunk
- 1 Pck. Zitronensäure (5 g)
- 500 g Extra Gelierzucker

1 Die Heidelbeeren verlesen, abspülen, abtropfen lassen und 700 g abwiegen. Das Ananasfruchtfleisch fein schneiden.

2 Die Früchte mit Zitronensäure und Extra Gelierzucker in einem großen Kochtopf gut verrühren. Alles bei starker Hitze unter Rühren zum Kochen bringen, mindestens 3 Minuten unter ständigem Rühren sprudelnd kochen lassen. Den Topf von der Kochstelle nehmen.

3 Das Kochgut evtl. abschäumen und sofort randvoll in vorbereitete Gläser füllen. Die Gläser mit Twist-off-Deckeln® verschließen, umdrehen und etwa 5 Minuten auf den Deckeln stehen lassen.

Tipp: Sie können nach dem Kochen noch 50 ml Gin zur Verfeinerung unterrühren.

Zubereitungszeit: **40 Minuten** | Haltbarkeit: kühl und dunkel gestellt etwa **1 Jahr**

Heidelbeerkonfitüre

6–7 Gläser je 200 ml | Insgesamt: E: **6** g, F: **6** g, Kh: **1214** g, kJ: **20944**, kcal: **5013**, BE: **101,0**

- etwa 1050 g Heidelbeeren
- 1 Beutel aus 1 Pck. Gelfix Classic 1:1 (20 g)
- 1150 g Zucker

1 Die Heidelbeeren verlesen, abspülen, gut abtropfen lassen und 1 kg abwiegen. Die Heidelbeeren in einen großen Kochtopf geben und mit einem Pürierstab fein pürieren.

2 Gelfix Classic zuerst mit 2 Esslöffeln vom Zucker mischen, dann mit der Heidelbeermasse gut verrühren. Alles unter Rühren bei starker Hitze zum Kochen bringen und unter ständigem Rühren mindestens 3 Minuten sprudelnd kochen lassen. Den Topf von der Kochstelle nehmen.

3 Das Kochgut evtl. abschäumen und sofort randvoll in vorbereitete Gläser füllen. Die Gläser mit Twist-off-Deckeln® verschließen, umdrehen und etwa 5 Minuten auf den Deckeln stehen lassen.

Tipp: Abgeriebene Schale von 1 heiß abgewaschen und abgetrockneten Bio-Zitrone (unbehandelt, ungewachst) mitkochen und zuletzt 2 Esslöffel vom Zitronensaft unter die Heidelbeerkonfitüre rühren.

Zubereitungszeit: **30 Minuten** | Haltbarkeit: kühl und dunkel gestellt **6–8 Monate**

Ananas-Nashi-Aufstrich (im Foto links)

etwa 4 Gläser je 400 ml | Insgesamt: E: **5** g, F: **2** g, Kh: **594** g, kJ: **10513**, kcal: **2483**, BE: **49,5**

- etwa 4 Nashi-Birnen
- 200 ml Blutorangensaft (von etwa 3 Blutorangen)
- 120 ml Limettensaft (von etwa 5 Limetten)
- 200 g geschältes Ananasfruchtfleisch ohne Strunk
- 500 g Extra Gelierzucker 2:1

1 Nashi-Birnen vierteln, schälen, entkernen und fein würfeln. 500 g Nashi-Fruchtfleisch abwiegen und sofort mit dem Blutorangen- und Limettensaft in einem großen Topf verrühren.

2 Ananasfruchtfleisch in sehr feine Stücke schneiden, mit dem Extra Gelierzucker in den Topf geben und alles gut verrühren. Die Zutaten unter Rühren bei starker Hitze zum Kochen bringen und unter ständigem Rühren mindestens 3 Minuten sprudelnd kochen lassen. Den Kochtopf von der Kochstelle nehmen.

3 Das Kochgut evtl. abschäumen, sofort randvoll in vorbereitete Gläser füllen. Die Gläser mit Twist-off-Deckeln® verschließen, umdrehen und etwa 5 Minuten auf den Deckeln stehen lassen.

Zubereitungszeit: **30 Minuten** | Haltbarkeit: kühl und dunkel gestellt **6–8 Monate**

Nashi-Limetten-Aufstrich (im Foto rechts)

3–4 Gläser je 400 ml | Insgesamt: E: **5** g, F: **2** g, Kh: **611** g, kJ: **10875**, kcal: **2568**, BE: **51,0**

- etwa 1,4 kg Nashi-Früchte (5–6 Stück)
- 150 ml Limettensaft (von etwa 6 Limetten)
- 2–3 TL Minz-Aromasirup
- 500 g Extra Gelierzucker 2:1
- 1 Pck. Zitronensäure (5 g)

1 Die Nashi-Birnen vierteln, schälen, entkernen und fein würfeln. 900 g Fruchtfleisch abwiegen und sofort mit dem Limettensaft in einem großen Topf verrühren. Minz-Aromasirup, Gelierzucker und Zitronensäure hinzugeben und alles gründlich verrühren. Die Mischung etwas Saft ziehen lassen und dann etwa die Hälfte des Fruchtfleisches im Topf fein pürieren.

2 Die Zutaten unter Rühren bei starker Hitze zum Kochen bringen und unter ständigem Rühren mindestens 3 Minuten sprudelnd kochen lassen. Den Kochtopf von der Kochstelle nehmen.

3 Das Kochgut evtl. abschäumen, sofort randvoll in vorbereitete Gläser füllen. Die Gläser mit Twist-off-Deckeln® verschließen, umdrehen und etwa 5 Minuten auf den Deckeln stehen lassen.

Zubereitungszeit: **45 Minuten** | Haltbarkeit: kühl und dunkel gestellt etwa **6 Monate**

Nektarinen-Orangen-Konfitüre (Foto)

etwa 5 Gläser je 200 ml | Insgesamt: E: **9** g, F: **1** g, Kh: **618** g, kJ: **10908**, kcal: **2605**, BE: **51,5**

- etwa 650 g Nektarinen
- etwa 8 Orangen
- 1 Pck. Dr. Oetker Finesse Natürliches Orangenschalen-Aroma
- 500 g Zucker
- 1 Beutel aus 1 Pck. Gelfix Extra (25 g)

1 Die Nektarinen abspülen, halbieren, entsteinen, fein schneiden und 500 g abwiegen. Die Orangen so schälen, dass die weiße Haut mitentfernt wird. Orangen filetieren, dabei den Saft auffangen und 450 g Filets und Saft abwiegen.

2 Die Früchte mit Saft und Aroma in einen großen Kochtopf geben. Zucker mit Gelfix Extra mischen, dann mit der Fruchtmasse verrühren. Alles bei starker Hitze unter Rühren zum Kochen bringen, mindestens 3 Minuten unter ständigem Rühren sprudelnd kochen lassen, von der Kochstelle nehmen.

3 Kochgut evtl. abschäumen und sofort randvoll in vorbereitete Gläser füllen. Gläser mit Twist-off-Deckeln® verschließen, umdrehen und etwa 5 Minuten auf den Deckeln stehen lassen.

Tipps: Sie können zusätzlich 50 g Rosinen oder 50 g gehackte Haselnusskerne mitkochen. Die Haltbarkeit wird durch die Zugabe von Rosinen und Haselnusskernen jedoch verkürzt. Sie können die Konfitüre statt mit Gelfix Extra und 500 g Zucker auch mit 500 g Extra Gelierzucker zubereiten. Bitte beachten Sie die Packungsanleitung.

Zubereitungszeit: **45 Minuten** | Haltbarkeit: kühl und dunkel gestellt etwa **6 Monate**

Nektarinen-Erdbeer-Konfitüre

etwa 7 Gläser je 200 ml | Insgesamt: E: **12** g, F: **3** g, Kh: **640** g, kJ: **11491**, kcal: **2747**, BE: **53,5**

- etwa 1 kg Nektarinen
- etwa 550 g Erdbeeren
- 125 ml klarer Apfelsaft
- 500 g Super Gelierzucker 3:1

1 Nektarinen abspülen, abtropfen lassen, halbieren, entsteinen, 875 g abwiegen und fein schneiden. Erdbeeren putzen, abspülen, abtropfen lassen, entstielen, 500 g abwiegen und fein schneiden.

2 Früchte mit Apfelsaft und Gelierzucker in einem großem Topf verrühren. Alles unter Rühren bei starker Hitze zum Kochen bringen, mindestens 3 Minuten unter Rühren sprudelnd kochen lassen, von der Kochstelle nehmen.

3 Kochgut evtl. abschäumen, sofort randvoll in vorbereitete Gläser füllen, mit Twist-off-Deckeln® verschließen, umdrehen, 5 Minuten auf den Deckeln stehen lassen.

Zubereitungszeit: **25 Minuten** | Haltbarkeit: kühl und dunkel gestellt **8–10 Monate**

Aronia-Sauerkirsch-Konfitüre (Foto)

etwa 3 Gläser je 400 ml | Insgesamt: E: **7** g, F: **4** g, Kh: **619** g, kJ: **10969**, kcal: **2618**, BE: **51,5**

- 750 g aufgetaute TK-Sauerkirschen oder frische, entsteinte Sauerkirschen (von etwa 850 g Sauerkirschen)
- 250 ml Aronia-Muttersaft (direkt gepresst, z. B. aus dem Reformhaus)
- 2 große Stängel Zitronengras
- 1 Beutel aus 1 Pck. Gelfix Extra 2:1 (25 g)
- 500 g Zucker

1 Die Kirschen in kleine Stücke schneiden, in einen großen Topf geben und den Aroniasaft hinzugießen. Vom Zitronengras die äußeren Hüllen ablösen, die Stiele leicht platt klopfen und mit in den Topf geben.

2 Gelfix und Zucker gründlich vermischen, zu den Kirschen geben und alle Zutaten miteinander verrühren.

3 Die Zutaten unter Rühren bei starker Hitze zum Kochen bringen und unter ständigem Rühren mindestens 3 Minuten sprudelnd kochen lassen. Den Kochtopf von der Kochstelle nehmen. Die Zitronengrasstängel entfernen.

4 Das Kochgut evtl. abschäumen, sofort randvoll in vorbereitete Gläser füllen. Die Gläser mit Twist-off-Deckel® verschließen, umdrehen und etwa 5 Minuten auf den Deckeln stehen lassen.

Tipp: Die Aroniabeere ist auch unter der Bezeichnung Apfelbeere bekannt.

Zubereitungszeit: **45 Minuten** | Haltbarkeit: kühl und dunkel gestellt etwa **1 Jahr**

Brombeerkonfitüre

etwa 7 Gläser je 200 ml | Insgesamt: E: **12** g, F: **10** g, Kh: **1216** g, kJ: **20934**, kcal: **5003**, BE: **101,5**

- etwa 1,2 kg Brombeeren
- 1 Beutel aus 1 Pck. Gelfix Classic 1:1 (20 g)
- 1150 g Zucker

1 Die Brombeeren verlesen, evtl. Blütenansätze entfernen. Brombeeren vorsichtig abspülen, gut abtropfen lassen und 1 kg abwiegen. Die Brombeeren zerdrücken, am besten mit einem Stampfer oder mit einem Pürierstab pürieren. Brombeermus in einen großen Kochtopf geben. Gelfix Classic zuerst mit 2 Esslöffeln vom Zucker mischen, dann mit dem Brombeermus gut verrühren.

2 Die Zutaten unter Rühren bei starker Hitze zum Kochen bringen. Sobald alles bei ständigem Rühren sprudelnd kocht, restlichen Zucker hinzufügen. Alles unter Rühren wieder zum Kochen bringen und unter ständigem Rühren mindestens 3 Minuten sprudelnd kochen lassen. Den Topf von der Kochstelle nehmen.

3 Kochgut evtl. abschäumen und sofort randvoll in vorbereitete Gläser füllen. Gläser mit Twist-off-Deckeln® verschließen, umdrehen und etwa 5 Minuten auf den Deckeln stehen lassen.

Zubereitungszeit: **40 Minuten** | Haltbarkeit: kühl und dunkel gestellt **4–6 Monate**

Weinbergpfirsich-Konfitüre (Foto)

etwa 7 Gläser je 200 ml | Insgesamt: E: **10** g, F: **1** g, Kh: **598** g, kJ: **11145**, kcal: **2664**, BE: **50,0**

- etwa 1 ½ kg Weinbergpfirsiche
- 1 EL Zitronenmelisseblättchen
- 250 ml trockener Weißwein (z. B. Riesling)
- 500 g Super Gelierzucker 3:1
- 1 Pck. Zitronensäure (5 g)

1 Pfirsiche abspülen und abtropfen lassen. Zwei Drittel der Pfirsiche an der Unterseite kreuzweise einschneiden und kurz in kochendes Wasser legen, herausnehmen und mit kaltem Wasser abschrecken. Die Haut der Pfirsiche abziehen. Alle Pfirsiche halbieren und entsteinen. 1¼ kg Fruchtfleisch abwiegen und in kleine Stücke schneiden.

2 Zitronenmelisseblättchen abspülen, trocken tupfen und klein schneiden.

3 Pfirsichstücke und Weißwein in einen großen Kochtopf geben, mit Gelierzucker und Zitronensäure gut verrühren.

4 Die Zutaten unter Rühren bei starker Hitze zum Kochen bringen und etwa 2 Minuten unter ständigem Rühren sprudelnd kochen lassen. Zitronenmelisse hinzufügen, unterrühren und das Ganze noch 1 Minute unter Rühren sprudelnd kochen lassen. Den Topf von der Kochstelle nehmen.

5 Kochgut evtl. abschäumen und sofort randvoll in vorbereitete Gläser füllen. Gläser mit Twist-off-Deckeln® verschließen, umdrehen und etwa 5 Minuten auf den Deckeln stehen lassen.

6 Gläser während des Erkaltens gelegentlich umdrehen, damit sich die Melisse besser verteilen kann.

Tipp: Statt Zitronenmelisse kann auch Pfefferminze genommen werden.

Zubereitungszeit: **40 Minuten** | Haltbarkeit: kühl und dunkel gestellt etwa **1 Jahr**

Aprikosen-Nektarinen-Konfitüre

etwa 5 Gläser je 200 ml | Insgesamt: E: **9** g, F: **1** g, Kh: **589** g, kJ: **10355**, kcal: **2449**, BE: **49,0**

- etwa 800 g Aprikosen
- etwa 400 g Nektarinen
- 500 g Extra Gelierzucker 2:1

1 Aprikosen und Nektarinen abspülen, abtropfen lassen, halbieren und entsteinen. Von den Aprikosen 700 g, von den Nektarinen 300 g abwiegen und beides in kleine Stücke schneiden.

2 Die Fruchtstücke in einem großen Kochtopf mit Extra Gelierzucker verrühren. Alles unter Rühren bei starker Hitze zum Kochen bringen und unter ständigem Rühren mindestens 3 Minuten sprudelnd kochen lassen. Topf von der Kochstelle nehmen.

3 Das Kochgut evtl. abschäumen und sofort randvoll in vorbereitete Gläser füllen. Die Gläser mit Twist-off-Deckeln® verschließen, umdrehen und etwa 5 Minuten auf den Deckeln stehen lassen.

Zubereitungszeit: **35 Minuten** | Haltbarkeit: kühl und dunkel gestellt **3–4 Monate**

Papaya-Kiwi-Konfitüre (Foto)

etwa 5 Gläser je 200 ml | Insgesamt: E: **7** g, F: **3** g, Kh: **572** g, kJ: **10141**, kcal: **2392**, BE: **47,5**

- etwa 1 kg Papaya
- 3–4 Kiwis (etwa 350 g)
- ½–1 Pck. Dr. Oetker Finesse Geriebene Zitronenschale
- 500 g Extra Gelierzucker 2:1
- 1 Pck. Zitronensäure (5 g)

1 Papaya halbieren. Kerne mit einem Löffel herausnehmen. Papayahälften schälen, in kleine Stücke schneiden und 700 g abwiegen. Kiwi schälen, vierteln, in kleine Stücke schneiden und 300 g abwiegen.

2 Papaya-, Kiwistücke und Zitronenschale in einen großen Kochtopf geben, mit Extra Gelierzucker und Zitronensäure gut verrühren. Die Zutaten unter Rühren bei starker Hitze zum Kochen bringen und unter ständigem Rühren mindestens 3 Minuten sprudelnd kochen lassen. Den Topf von der Kochstelle nehmen.

3 Das Kochgut evtl. abschäumen und sofort randvoll in vorbereitete Gläser füllen. Die Gläser mit Twist-off-Deckeln® verschließen, umdrehen und etwa 5 Minuten auf den Deckeln stehen lassen.

Zubereitungszeit: **45 Minuten** | Haltbarkeit: kühl und dunkel gestellt etwa **1 Jahr**

Kiwi-Bananen-Konfitüre

etwa 5 Gläser je 200 ml | Insgesamt: E: **10** g, F: **5** g, Kh: **634** g, kJ: **11679**, kcal: **2791**, BE: **53,0**

- 9 Kiwis (etwa 900 g)
- etwa 400 g Bananen
- 1 Pck. Zitronensäure (5 g)
- 500 g Zucker
- 1 Beutel aus 1 Pck. Gelfix Extra 2:1 (25 g)

1 Die Kiwis schälen, in kleine Stücke schneiden und 750 g abwiegen. Bananen schälen, ebenfalls klein schneiden und 250 g abwiegen.

2 Kiwi-, Bananenstücke und Zitronensäure in einen großen Kochtopf geben. Zucker mit Gelfix Extra mischen, dann mit den Fruchtstücken verrühren. Alles unter Rühren bei starker Hitze zum Kochen bringen und unter ständigem Rühren mindestens 3 Minuten sprudelnd kochen lassen. Topf von der Kochstelle nehmen.

3 Das Kochgut evtl. abschäumen und sofort randvoll in vorbereitete Gläser füllen. Die Gläser mit Twist-off-Deckeln® verschließen, umdrehen und etwa 5 Minuten auf den Deckeln stehen lassen.

Tipps: Sie können die Konfitüre statt mit Gelfix Extra und 500 g Zucker auch mit Gelfix Super 3:1 und 350 g Zucker zubereiten. Bitte beachten Sie die Packungsanleitung. Mit 1–2 Esslöffeln Blue Curaçao (mit und ohne Alkohol erhältlich) bekommt die Konfitüre eine besonders interessante Farbe.

Zubereitungszeit: **40 Minuten** | Haltbarkeit: kühl und dunkel gestellt etwa **6 Monate**

Quitten-Mango-Fruchtaufstrich

etwa 4 Gläser je 250 ml | Insgesamt: E: **7** g, F: **7** g, Kh: **610** g, kJ: **11537**, kcal: **2718**, BE: **51,0**

etwa 1,2 kg reife Quitten
1 große Mango (etwa 600 g)

1 Bio-Limette (unbehandelt, ungewachst)
2–3 Limetten

350 g Gelier Fruchtzucker 3:1

1 Von den Quitten den Flaum mit einem trockenen Tuch abreiben. Quitten abspülen, abtropfen lassen und vierteln. Blüten- und Stielansätze und Kerne herausschneiden.

2 Die Quitten mit einem Sparschäler fein schälen. 650 g abwiegen, sehr fein würfeln oder raspeln und in einen großen Topf geben.

3 Das Mangofruchtfleisch vom Stein schneiden und schälen. 350 g Mangofruchtfleisch abwiegen, in feine Würfel scheiden und mit den Quittenwürfeln oder -raspeln vermischen.

4 Die Bio-Limette heiß waschen, abtrocknen und die Schale fein abreiben. Alle Limetten halbieren und den Saft auspressen. 80–90 ml abmessen.

5 Limettenschale, -saft und Gelier Fruchtzucker ebenfalls in den Topf geben und alles gründlich vermischen.

6 Die Zutaten unter Rühren bei starker Hitze zum Kochen bringen und unter ständigem Rühren mindestens 3 Minuten sprudelnd kochen lassen. Den Kochtopf von der Kochstelle nehmen.

7 Das Kochgut evtl. abschäumen, sofort randvoll in vorbereitete Gläser füllen. Die Gläser mit Twist-off-Deckeln® verschließen, umdrehen und etwa 5 Minuten auf den Deckeln stehen lassen.

Zubereitungszeit: **60 Minuten, ohne Steh- und Abkühlzeit**
Haltbarkeit: kühl und dunkel gestellt **3–4 Monate**

Schichtkonfitüre „Dreierlei"

etwa 5 Gläser je 200 ml | Insgesamt: E: **5** g, F: **2** g, Kh: **612** g, kJ: **10861**, kcal: **2566**, BE: **51,0**

Zum Vorbereiten:
etwa 350 g Äpfel
etwa 350 g Birnen
etwa 550 g Pflaumen

Für die Apfel-Birnen-Konfitüre:
30 g Weinbeeren
250 g Extra Gelierzucker 2:1
2 EL Rum

Für die Pflaumenkonfitüre:
1 Sternanis
1 Msp. gem. Nelken
1 Msp. gem. Zimt
250 g Extra Gelierzucker 2:1

1 Zum Vorbereiten Äpfel und Birnen schälen, vierteln und entkernen. Apfel- und Birnenviertel in kleine Stücke schneiden, je 250 g Fruchtfleisch abwiegen.

2 Die Pflaumen gut abspülen, trocken tupfen, halbieren, entsteinen und klein schneiden, 500 g Fruchtfleisch abwiegen.

3 Für die Apfel-Birnen-Konfitüre Apfel- und Birnenstücke mit den Weinbeeren in einen Kochtopf geben und mit Extra Gelierzucker gut verrühren, etwa 30 Minuten stehen lassen.

4 Für die Pflaumenkonfitüre Pflaumen mit Sternanis, Nelken und Zimt in einen Kochtopf geben, ebenfalls mit Extra Gelierzucker gut verrühren und etwa 30 Minuten stehen lassen.

5 Zunächst die Apfel-Birnen-Fruchtmasse bei starker Hitze zum Kochen bringen und mindestens 3 Minuten unter ständigem Rühren sprudelnd kochen lassen. Den Rum unterrühren. Den Topf von der Kochstelle nehmen.

6 Das Kochgut evtl. abschäumen. Etwa die Hälfte von der Apfel-Birnen-Konfitüre mit einem Esslöffel oder einer kleinen Kelle vorsichtig in den vorbereiteten Gläsern verteilen, etwas fest werden lassen.

7 Die Pflaumen-Gewürz-Masse auf die gleiche Weise (wie unter Punkt 5 beschrieben) zubereiten. Den Topf von der Kochstelle nehmen, Sternanis entfernen.

8 Das Kochgut evtl. abschäumen. Etwa die Hälfte von der Pflaumenkonfitüre mit einem Esslöffel oder einer kleinen Kelle auf die Apfel-Birnen-Konfitüre geben und etwas fest werden lassen (etwa 10 Minuten).

9 Die restliche Apfel-Birnen-Konfitüre darauf verteilen und zum Schluss die Gläser mit der restlichen Pflaumenkonfitüre randvoll füllen. Die Gläser mit Twist-off-Deckeln® verschließen.

Zubereitungszeit: **40 Minuten** | Haltbarkeit: kühl und dunkel gestellt etwa **1 Jahr**

Erdbeerkonfitüre (Foto und Titelrezept)

etwa 5 Gläser je 200 ml | Insgesamt: E: **8** g, F: **4** g, Kh: **571** g, kJ: **10211**, kcal: **2438**, BE: **47,5**

etwa 1,1 kg Erdbeeren
500 g Zucker
1 Beutel aus 1 Pck. Gelfix Extra 2:1 (25 g)

1 Die Erdbeeren abspülen, gut abtropfen lassen, entstielen, in kleine Stücke schneiden und 1 kg abwiegen. Die Erdbeerstückchen in einen großen Kochtopf geben.

2 Zucker mit Gelfix Extra mischen, dann mit den Erdbeerstückchen verrühren. Die Zutaten unter Rühren bei starker Hitze zum Kochen bringen und mindestens 3 Minuten unter ständigem Rühren sprudelnd kochen lassen. Topf von der Kochstelle nehmen.

3 Das Kochgut evtl. abschäumen und sofort randvoll in vorbereitete Gläser füllen. Gläser mit Twist-off-Deckeln® verschließen, umdrehen und etwa 5 Minuten auf den Deckeln stehen lassen.

Tipp: Oder die abgewogenen Erdbeerstücke mit 500 g Extra Gelierzucker nach Packungsanleitung verarbeiten.

Zubereitungszeit: **35 Minuten** | Haltbarkeit: kühl und dunkel gestellt **3–4 Monate**

Erdbeer-Aprikosen-Konfitüre mit Mandelstückchen

etwa 5 Gläser je 200 ml | Insgesamt: E: **16** g, F: **19** g, Kh: **590** g, kJ: **11243**, kcal: **2684**, BE: **49,0**

30 g gehackte Mandeln
etwa 1 EL Puderzucker
etwa 775 g Erdbeeren
etwa 350 g Aprikosen
500 g Zucker
1 Beutel aus 1 Pck. Gelfix Extra 2:1 (25 g)

1 Mandeln mit Puderzucker in einer Pfanne ohne Fett goldgelb rösten und herausnehmen. Erdbeeren putzen, abspülen, gut abtropfen lassen, entstielen, in kleine Stücke schneiden und 750 g abwiegen. Die Aprikosen abspülen, abtropfen lassen, halbieren, entsteinen, klein schneiden und 250 g abwiegen.

2 Mandeln, Erdbeer- und Aprikosenstücke in einen großen Kochtopf geben. Zucker mit Gelfix Extra mischen, dann mit der Fruchtmasse verrühren. Alles unter Rühren bei starker Hitze zum Kochen bringen und unter ständigem Rühren mindestens 3 Minuten sprudelnd kochen lassen. Topf von der Kochstelle nehmen.

3 Kochgut evtl. abschäumen und sofort randvoll in vorbereitete Gläser füllen. Gläser mit Twist-off-Deckeln® verschließen, umdrehen und etwa 5 Minuten auf den Deckeln stehen lassen. Gläser während des Erkaltens gelegentlich umdrehen, damit sich die Mandeln gut verteilen.

Zubereitungszeit: **15 Minuten** | Haltbarkeit: kühl und dunkel gestellt etwa **1 Jahr**

Sanddorn-Orangen-Aufstrich (Foto)

etwa 4 Gläser je 200 ml | Insgesamt: E: **7** g, F: **12** g, Kh: **555** g, kJ: **10295**, kcal: **2431**, BE: **46,5**

- 500 ml Sanddornmark (ungesüßt, aus dem Reformhaus)
- 400 ml Orangensaft
- 1 Pck. Dr. Oetker Finesse Orangenschalen-Aroma
- 500 g Extra Gelierzucker 2:1

1 Sanddornmark, Orangensaft und Orangenschalen-Aroma mit Extra Gelierzucker in einem großen Kochtopf gut verrühren.

2 Alles unter Rühren bei starker Hitze zum Kochen bringen und unter ständigem Rühren mindestens 3 Minuten sprudelnd kochen lassen. Den Kochtopf von der Kochstelle nehmen.

3 Kochgut evtl. abschäumen und sofort randvoll in vorbereitete Gläser füllen. Gläser mit Twist-off-Deckeln® verschließen, umdrehen und etwa 5 Minuten auf den Deckeln stehen lassen.

Zubereitungszeit: **45 Minuten, ohne Zieh- und Abkühlzeit**
Haltbarkeit: kühl und dunkel gestellt **6–8 Monate**

Cranberry-Zimt-Aufstrich

etwa 3 Gläser je 400 ml | Insgesamt: E: **4** g, F: **1** g, Kh: **652** g, kJ: **11104**, kcal: **2624**, BE: **54,5**

- 900 g frische Cranberrys
- 75 g brauner Zucker
- 2 Zimtstangen
- 225 ml Wasser
- 250 ml frisch gepresster Orangensaft
- 500 g Extra Gelierzucker 2:1

1 Cranberrys gründlich verlesen, bereits weiche oder beschädigte Beeren aussortieren. Die Beeren gründlich abspülen und auf einem Geschirrtuch gut abtropfen lassen. Cranberrys mit Zucker in einem großen Topf vermischen. Die Beeren z. B. mit einem Kartoffelstampfer andrücken und das Ganze kurz ziehen lassen.

2 Die Zimtstangen in Stücke brechen, mit dem Wasser unter die Cranberrymischung rühren. Die Mischung unter Rühren aufkochen, dann 4–6 Minuten köcheln lassen, bis die Cranberrys musig zerkocht sind. Das Fruchtmus durch ein feines Sieb streichen und abkühlen lassen.

3 Von dem Cranberrymus 700 g abwiegen, mit Orangensaft und Gelierzucker in einem großen Topf gut verrühren. Das Ganze etwa 20 Minuten stehen lassen.

4 Dann die Zutaten unter Rühren bei starker Hitze zum Kochen bringen und unter ständigem Rühren mindestens 3 Minuten sprudelnd kochen lassen. Den Kochtopf von der Kochstelle nehmen.

5 Das Kochgut evtl. abschäumen, sofort randvoll in vorbereitete Gläser füllen. Die Gläser mit Twist-off-Deckeln® verschließen, umdrehen und etwa 5 Minuten auf den Deckeln stehen lassen.

Fruchtpunschkonfitüre

4–5 Gläser je 200 ml | Insgesamt: E: **10** g, F: **4** g, Kh: **1147** g, kJ: **20476**, kcal: **4891**, BE: **95,5**

2 mittelgroße Mangos (etwa 850 g)
300 g geschältes Ananasfruchtfleisch ohne Strunk
1 Papaya (etwa 360 g)
3 Maracujas (Passionsfrüchte)

100 ml Limettensaft (von etwa 4 Limetten)

2 Zimtstangen

4–6 EL Rum oder 2–3 EL Rumaroma-Sirup

etwa 10 g Ingwer

1 Beutel aus 1 Pck. Gelfix Classic 1:1 (20 g)
500 g weißer Zucker
2 Pck. Zitronensäure (10 g)
500 g brauner Zucker

1 Das Mangofruchtfleisch von den Steinen schneiden, schälen und 500 g Mangofruchtfleisch abwiegen. Mangofruchtfleisch in feine Würfel scheiden und in einen großen Topf geben.

2 Ananasfruchtfleisch ebenfalls in sehr feine Würfel schneiden und zu den Mangowürfeln geben. Papaya halbieren. Die Kerne mit einem Teelöffel herausschaben. Papaya schälen. 200 g Fruchtfleisch abwiegen, in feine Würfel schneiden und ebenfalls den Topf geben.

3 Maracujas halbieren. Das Fruchtfleisch mit den Kernen mit einem Teelöffel aus den Hälften schaben und mit dem Limettensaft unter die Fruchtmischung rühren.

4 Die Zimtstangen halbieren und hinzugeben. Rum oder Sirup unterrühren. Ingwer schälen, fein reiben und unter die Fruchtmischung rühren.

5 Gelfix Classic mit 2 Esslöffeln vom weißen Zucker vermischen und unter die Fruchtmischung rühren. Die Mischung bei starker Hitze unter Rühren aufkochen, Zitronensäure unterrühren. Restlichen weißen und den braunen Zucker unter die sprudelnd kochende Fruchtmischung rühren.

6 Die Zutaten dann unter Rühren bei starker Hitze wieder zum Kochen bringen und unter ständigem Rühren mindestens 3 Minuten sprudelnd kochen lassen. Den Kochtopf von der Kochstelle nehmen. Die Zimtstangen evtl. entfernen.

7 Das Kochgut evtl. abschäumen, sofort randvoll in vorbereitete Gläser füllen. Die Gläser mit Twist-off-Deckeln® verschließen, umdrehen und etwa 5 Minuten auf den Deckeln stehen lassen.

Zubereitungszeit: **40 Minuten** | Haltbarkeit: kühl und dunkel gestellt etwa **6 Monate**

Ananas-Kumquat-Konfitüre (Foto)

etwa 4 Gläser je 275–300 ml | Insgesamt: E: **5** g, F: **2** g, Kh: **620** g, kJ: **11069**, kcal: **2616**, BE: **51,5**

- 350 g Kumquats
- 600 g geschältes Ananasfruchtfleisch ohne Strunk
- 500 g Extra Gelierzucker 2:1
- 50 ml Yuzu-Saft (Saft einer asiatischen Zitrusfrucht) oder 75 ml Limettensaft

1 Die Kumquats mit heißem Wasser gründlich abwaschen und abtrocknen, evtl. noch vorhandene Stielansätze entfernen. Kumquats zunächst vierteln, dabei alle evtl. vorhandenen Kerne sorgfältig entfernen. Kumquats dann fein schneiden. Ananasfruchtfleisch in sehr fein würfeln.

2 Kumquats, Ananas und Extra Gelierzucker in einem großen Kochtopf gründlich verrühren. Die Zutaten unter Rühren bei starker Hitze zum Kochen bringen und unter ständigem Rühren mindestens 3 Minuten sprudelnd kochen lassen. Nach 2 Minuten den Yuzu- oder Limettensaft einrühren und weiterkochen lassen. Den Kochtopf von der Kochstelle nehmen.

3 Das Kochgut evtl. abschäumen, sofort randvoll in vorbereitete Gläser füllen. Die Gläser mit Twist-off- Deckel® verschließen, umdrehen und etwa 5 Minuten auf den Deckeln stehen lassen.

Tipps: Yuzu-Saft wird direkt aus japanischen Yuzu-Früchten gewonnen. Die Yuzu-Frucht ist eine Zitrusfrucht, die nicht so saftreich ist, aber ein intensives Zitrusaroma besitzt. Dieses erinnert an Limetten, jedoch ist der Geschmack etwas bitterer. Sie können den Saft z. B. über das Internet beziehen oder in japanischen Lebensmittel-Geschäften kaufen.

Zubereitungszeit: **30 Minuten** | Haltbarkeit: kühl und dunkel gestellt **3–4 Monate**

Ananaskonfitüre

etwa 5 Gläser je 200 ml | Insgesamt: E: **5** g, F: **2** g, Kh: **613** g, kJ: **10697**, kcal: **2527**, BE: **51,0**

- 900 g geschältes Ananasfruchtfleisch ohne Strunk
- 100 ml frisch gepresster Orangensaft
- 500 g Extra Gelierzucker 2:1

1 Ananasfruchtfleisch in Stücke schneiden und pürieren. Ananaspüree in einem großen Kochtopf mit Orangensaft und Extra Gelierzucker gut verrühren.

2 Die Zutaten unter Rühren bei starker Hitze zum Kochen bringen und mindestens 3 Minuten unter ständigem Rühren sprudelnd kochen lassen. Den Topf von der Kochstelle nehmen.

3 Das Kochgut evtl. abschäumen und sofort randvoll in vorbereitete Gläser füllen. Die Gläser mit Twist-off-Deckeln® verschließen, umdrehen und etwa 5 Minuten auf den Deckeln stehen lassen.

Zubereitungszeit: **40 Minuten** | Haltbarkeit: kühl und dunkel gestellt etwa **1 Jahr**

Feigen-Fruchtaufstrich (Foto)

etwa 4 Gläser je 200 ml | Insgesamt: E: **5** g, F: **2** g, Kh: **474** g, kJ: **9165**, kcal: **2189**, BE: **39,5**

5–6 frische Feigen
1–2 Zitronen
etwa 450 ml Apfelsaft

200 ml Portwein

350 g brauner Zucker

1 Beutel aus 1 Pck. Gelfix Super 3:1 (25 g)

1 Die Feigen entstielen, schälen, in kleine Stücke schneiden und 300 g davon abwiegen. Zitronen halbieren und auspressen. Zitronensaft mit Apfelsaft auf 500 ml auffüllen. Feigenstücke mit Portwein und Zitronen-Apfelsaft-Mischung in einen großen Kochtopf geben.

2 Zucker mit Gelfix Super mischen, dann mit der Fruchtmasse verrühren. Alles unter Rühren bei starker Hitze zum Kochen bringen und unter ständigem Rühren mindestens 3 Minuten sprudelnd kochen lassen. Den Topf von der Kochstelle nehmen.

3 Kochgut evtl. abschäumen und sofort randvoll in vorbereitete Gläser füllen. Die Gläser mit Twist-off-Deckeln® verschließen, umdrehen und etwa 5 Minuten auf den Deckeln stehen lassen.

Zubereitungszeit: **40 Minuten** | Haltbarkeit: kühl und dunkel gestellt **3–4 Monate**

Feigen-Weintrauben-Konfitüre

etwa 7 Gläser je 200 ml | Insgesamt: E: **15** g, F: **6** g, Kh: **696** g, kJ: **13209**, kcal: **3125**, BE: **58,0**

etwa 1 ¼ kg frische Feigen
350 g kernlose, blaue Weintrauben

100 ml Rotwein
100 ml Cassislikör (Schwarzer Johannisbeerlikör)

500 g Super Gelierzucker 3:1

1 Die Feigen entstielen, schälen, in kleine Stücke schneiden und 1 kg abwiegen. Die Weintrauben abspülen, gut abtropfen lassen, entstielen, halbieren, in Stücke schneiden und 300 g abwiegen.

2 Vorbereitete Fruchtstücke mit Wein und Likör in einen großen Kochtopf geben. Super Gelierzucker hinzugeben und gut unterrühren.

3 Die Zutaten unter Rühren bei starker Hitze zum Kochen bringen und unter ständigem Rühren mindestens 3 Minuten sprudelnd kochen lassen. Den Topf von der Kochstelle nehmen.

4 Kochgut evtl. abschäumen und sofort randvoll in vorbereitete Gläser füllen. Gläser mit Twist-off-Deckeln® verschließen, umdrehen und etwa 5 Minuten auf den Deckeln stehen lassen.

Tipps: Statt Cassislikör nur Rotwein verwenden. Für Kinder Rotwein und Likör durch roten Traubensaft ersetzen.

Zubereitungszeit: **40 Minuten** | Haltbarkeit: kühl und dunkel gestellt **4–6 Monate**

Mirabellenkonfitüre mit Lavendelblüten (Foto)

etwa 5 Gläser je 200 ml | Insgesamt: E: **7** g, F: **2** g, Kh: **633** g, kJ: **11115**, kcal: **2621**, BE: **52,5**

- etwa 1 ¼ kg Mirabellen
- 1 EL unbehandelte, getrocknete Lavendelblüten
- 500 g Extra Gelierzucker 2:1

1 Mirabellen abspülen, abtropfen lassen, halbieren und entsteinen. Fruchtfleisch klein schneiden und 1 kg abwiegen. Lavendelblüten von den Stängeln ablösen.

2 Mirabellenstückchen mit den Lavendelblüten in einen großen Kochtopf geben, mit Extra Gelierzucker gut verrühren. Die Zutaten unter Rühren bei starker Hitze zum Kochen bringen und mindestens 3 Minuten unter ständigem Rühren sprudelnd kochen lassen. Den Topf von der Kochstelle nehmen.

3 Kochgut evtl. abschäumen und sofort randvoll in vorbereitete Gläser füllen. Gläser mit Twist-off-Deckeln® verschließen, umdrehen und etwa 5 Minuten auf den Deckeln stehen lassen.

Tipps: Statt Mirabellen können auch Renekloden genommen werden. Statt getrocknetem Lavendel können Sie frischen Lavendel verwenden. Die Lavendelblüten vorsichtig abspülen, abtrocknen und vom Stiel lösen.

Zubereitungszeit: **50 Minuten** | Haltbarkeit: kühl und dunkel gestellt etwa **1 Jahr**

Nektarinen-Mirabellen-Konfitüre

etwa 5 Gläser je 200 ml | Insgesamt: E: **8** g, F: **2** g, Kh: **624** g, kJ: **10990**, kcal: **2595**, BE: **52,0**

- etwa 600 g Mirabellen
- etwa 750 g Nektarinen
- 500 g Extra Gelierzucker 2:1
- 1 Pck. Zitronensäure (5 g)

1 Mirabellen und Nektarinen abspülen, gut abtropfen lassen, halbieren und entsteinen. Mirabellen- und Nektarinenhälften in kleine Stücke schneiden und jeweils 500 g abwiegen. Die vorbereiteten Früchte mit Extra Gelierzucker und Zitronensäure in einem großen Kochtopf gut verrühren.

2 Die Zutaten unter Rühren bei starker Hitze zum Kochen bringen und unter ständigem Rühren mindestens 3 Minuten sprudelnd kochen lassen. Den Topf von der Kochstelle nehmen.

3 Das Kochgut evtl. abschäumen und sofort randvoll in vorbereitete Gläser füllen. Die Gläser mit Twist-off-Deckeln® verschließen, umdrehen und etwa 5 Minuten auf den Deckeln stehen lassen.

Tipp: Nach Belieben 2 Esslöffel Marillenlikör unter die fertig gekochte Konfitüre rühren.

Zubereitungszeit: **40 Minuten** | Haltbarkeit: kühl und dunkel gestellt **3–4 Monate**

Weintrauben-Kiwi-Konfitüre (Foto)

etwa 5 Gläser je 200 ml | Insgesamt: E: **8** g, F: **5** g, Kh: **637** g, kJ: **11325**, kcal: **2708**, BE: **53,0**

- etwa 550 g kernlose, grüne Weintrauben
- 7–8 grüne Kiwis (etwa 580 g)
- 1 Beutel aus 1 Pck. Gelfix Extra 2:1 (25 g)
- 500 g Zucker
- 1 Pck. Zitronensäure (5 g)

1 Weintrauben abspülen, gut abtropfen lassen, entstielen, halbieren, in dünne Scheiben schneiden und 500 g abwiegen. Die Kiwis dünn schälen, vierteln und in dünne Scheiben schneiden. Von den Kiwischeiben 500 g abwiegen. Die vorbereiteten Früchte in einen großen Kochtopf geben.

2 Gelfix Extra mit Zucker und Zitronensäure mischen, zu den Früchten in den Topf geben und gut verrühren. Die Zutaten unter Rühren bei starker Hitze zum Kochen bringen und unter ständigem Rühren mindestens 3 Minuten sprudelnd kochen lassen. Topf von der Kochstelle nehmen.

3 Das Kochgut evtl. abschäumen und sofort randvoll in vorbereitete Gläser füllen. Die Gläser mit Twist-off-Deckeln® verschließen, umdrehen und etwa 5 Minuten auf den Deckeln stehen lassen.

Zubereitungszeit: **30 Minuten** | Haltbarkeit: kühl und dunkel gestellt etwa **1 Jahr**

Kiwi-Stachelbeer-Konfitüre

etwa 5 Gläser je 200 ml | Insgesamt: E: **8** g, F: **4** g, Kh: **595** g, kJ: **11563**, kcal: **2730**, BE: **49,5**

- 7–8 grüne Kiwis (etwa 580 g)
- etwa 425 g Stachelbeeren
- 100 ml Apfelsaft
- 1 Pck. Zitronensäure (5 g)
- 500 g Extra Gelierzucker 2:1

1 Kiwis dünn schälen, vierteln, in feine Scheiben schneiden und 500 g abwiegen. Die Stachelbeeren abspülen, gut abtropfen lassen, Stiel- und Blütenansätze entfernen. Stachelbeeren halbieren und 400 g abwiegen.

2 Kiwischeiben, Stachelbeerhälften, Saft und Zitronensäure in einem großen Kochtopf mit Extra Gelierzucker gut verrühren.

3 Die Zutaten unter Rühren bei starker Hitze zum Kochen bringen und unter ständigem Rühren mindestens 3 Minuten sprudelnd kochen lassen. Den Kochtopf von der Kochstelle nehmen.

4 Das Kochgut evtl. abschäumen und sofort randvoll in vorbereitete Gläser füllen. Die Gläser mit Twist-off-Deckeln® verschließen, umdrehen und etwa 5 Minuten auf den Deckeln stehen lassen.

Tipp: Verwenden Sie statt des Apfelsafts 100 ml Kiwilikör.

Zubereitungszeit: **45 Minuten** | Haltbarkeit: kühl und dunkel gestellt **4–6 Monate**

Scharfe Erdbeerkonfitüre mit Himbeeren (im Foto vorn)

etwa 5 Gläser je 200 ml | Insgesamt: E: **10** g, F: **4** g, Kh: **546** g, kJ: **10014**, kcal: **2363**, BE: **45,5**

etwa 800 g Erdbeeren
250 g Himbeeren
1–2 rote Peperoni
500 g Extra Gelierzucker 2:1

1 Die Erdbeeren putzen, abspülen, abtropfen lassen, entstielen, fein schneiden und 750 g abwiegen. Die Himbeeren evtl. vorsichtig abspülen und gut abtropfen lassen. Die Peperoni halbieren, entstielen, entkernen und die weißen Scheidewände entfernen. Peperonihälften abspülen, abtropfen lassen und sehr fein schneiden. 15 g abwiegen.

2 Erd- und Himbeeren mit Peperoni in einen Kochtopf geben. Extra Gelierzucker hinzugeben und gut unterrühren. Alles bei starker Hitze unter Rühren zum Kochen bringen, mindestens 3 Minuten unter ständigem Rühren sprudelnd kochen lassen. Den Topf von der Kochstelle nehmen.

3 Kochgut evtl. abschäumen und sofort randvoll in vorbereitete Gläser füllen. Die Gläser mit Twist-off-Deckeln® verschließen, umdrehen und etwa 5 Minuten auf den Deckeln stehen lassen.

Tipp: Die Peperoni schärfen die Konfitüre während der Lagerzeit etwas nach!

Zubereitungszeit: **60 Minuten** | Haltbarkeit: kühl und dunkel gestellt etwa **6 Monate**

Johannisbeer-Mango-Konfitüre (im Foto hinten)

etwa 5 Gläser je 200 ml | Insgesamt: E: **10** g, F: **3** g, Kh: **410** g, kJ: **7798**, kcal: **1842**, BE: **34,0**

etwa 875 g rote Johannisbeeren
1–2 Mangos (etwa 440 g)
350 g Gelier Fruchtzucker 3:1

1 Johannisbeeren abspülen und abtropfen lassen. Die Beeren von den Rispen streifen und 700 g abwiegen. Von den Mangos das Fruchtfleisch vom Stein schneiden. Fruchtfleisch schälen, fein würfeln und 300 g abwiegen.

2 Johannisbeeren und Mangowürfel mit Gelier Fruchtzucker in einem Kochtopf gut verrühren. Alles bei starker Hitze unter Rühren zum Kochen bringen, mindestens 3 Minuten unter ständigem Rühren sprudelnd kochen lassen. Den Topf von der Kochstelle nehmen.

3 Das Kochgut evtl. abschäumen und sofort randvoll in vorbereitete Gläser füllen. Die Gläser mit Twist-off-Deckeln® verschließen, umdrehen und etwa 5 Minuten auf den Deckeln stehen lassen.

Zubereitungszeit **75 Minuten, ohne Abkühlzeit**
Haltbarkeit: kühl und dunkel gestellt **3–4 Monate**

Maronen-Birnen-Konfitüre

4–5 Gläser je 400 ml | Insgesamt: E: **13** g, F: **8** g, Kh: **1213** g, kJ: **21477**, kcal: **5131**, BE: **101,0**

500 g frische Maronen (Esskastanien)
200 ml frisch gepresster Orangensaft (von etwa 3 Orangen)

etwa 1,2 kg reife Birnen (z. B. Williams Christbirnen)

1 Vanilleschote
1 ½ TL Anissamen
2 Pck. Zitronensäure (5 g)

1 Beutel aus 1 Pck. Gelfix Classic 1:1 (20 g)
1 kg Zucker

1 Die Maronen verlesen, in einer mit Wasser gefüllten Schüssel waschen, dabei an der Wasseroberfläche schwimmende Maronen aussortieren. Die Maronen mit einem spitzen Messer leicht anritzen, dann mit Wasser bedeckt in einem Topf zum Kochen bringen. Die Maronen etwa 20 Minuten garen.

2 Die Maronen in ein Sieb abgießen, abtropfen lassen und in kaltem Wasser handwarm abkühlen lassen. Die Maronen schälen. 250 g Maronenfruchtfleisch abwiegen, in Würfel schneiden und mit dem Orangensaft in einem Mixer fein pürieren.

3 Die Birnen vierteln, schälen und entkernen. 700 g Birnenfruchtfleisch abwiegen und in feine Würfel schneiden. Birnenwürfel und Maronenpüree in einem großen Topf verrühren.

4 Die Vanilleschote längs aufschneiden und das Mark herausschaben. Vanillemark und -schote zu der Fruchtmischung geben. Anissamen in einem Mörser leicht zerdrücken, mit der Zitronensäure ebenfalls unterrühren.

5 Gelfix Classic mit 2 Esslöffeln vom Zucker vermischen und unter die Fruchtmischung rühren.

6 Die Zutaten unter Rühren bei starker Hitze zum Kochen bringen. Sobald alles bei ständigem Rühren sprudelnd kocht, restlichen Zucker unterrühren. Das Ganze unter Rühren wieder zum Kochen bringen und unter ständigem Rühren mindestens 3 Minuten sprudelnd kochen lassen. Den Kochtopf von der Kochstelle nehmen. Die Vanilleschote entfernen.

7 Das Kochgut evtl. abschäumen, sofort randvoll in vorbereitete Gläser füllen. Die Gläser mit Twist-off-Deckeln® verschließen, umdrehen und etwa 5 Minuten auf den Deckeln stehen lassen.

für
Svenja

Pikante Konfitüren & Co.

Heute mal keine Lust auf Süßes? Kein Problem: Dann kann der Tag schön farbig und richtig herzhaft mit Radieschen-Möhren-Konfitüre oder Paprika-Ananas-Konfitüre beginnen und später mit Rhabarbersenf oder Biergelee ausklingen. Überraschend anders und überraschend lecker!

Zubereitungszeit: **30 Minuten** | Haltbarkeit: kühl und dunkel gestellt **3–4 Monate**

Tomatengelee mit Basilikum (Foto)

etwa 7 Gläser je 200 ml | Insgesamt: E: **7** g, F: **1** g, Kh: **533** g, kJ: **9300**, kcal: **2192**, BE: **44,5**

- 1 Topf Basilikum
- 900 ml Tomatensaft
- 500 g Extra Gelierzucker 2:1
- 2 geh. TL Salz
- gem. Pfeffer
- einige Spritzer Tabascosauce
- etwa 6 EL Balsamicoessig

1 Basilikum abspülen, gut abtropfen lassen und die Blättchen von den Stängeln zupfen. Die Blättchen in feine Streifen schneiden.

2 Tomatensaft in einen großen Kochtopf geben. Extra Gelierzucker hinzugeben und gut verrühren.

3 Die Zutaten unter Rühren bei starker Hitze zum Kochen bringen und unter ständigem Rühren mindestens 3 Minuten sprudelnd kochen lassen, mit Salz, Pfeffer, Tabasco und Essig abschmecken. Basilikum unterrühren. Den Kochtopf von der Kochstelle nehmen.

4 Das Kochgut evtl. abschäumen, sofort randvoll in vorbereitete Gläser füllen. Die Gläser mit Twist-off-Deckeln® verschließen, umdrehen und etwa 5 Minuten auf den Deckeln stehen lassen. Die Gläser während des Erkaltens öfter drehen, damit sich das Basilikum besser verteilt.

Zubereitungszeit: **25 Minuten, ohne Ziehzeit**
Haltbarkeit: kühl und dunkel gestellt etwa **6 Monate**

Rhabarbersenf

etwa 9 Gläser je 200 ml | Insgesamt: E: **24** g, F: **14** g, Kh: **519** g, kJ: **10029**, kcal: **2364**, BE: **43,5**

- etwa 1 ½ kg Rhabarber
- 1 Pck. Extra Gelierzucker 2:1
- 1 Msp. gem. Zimt
- 50 ml Rotweinessig
- ½ TL Chiliflocken
- 300 g Senf (z. B. Pommerysenf oder körniger Senf)

1 Rhabarber putzen, die Stielenden und Blattansätze entfernen. Rhabarberstangen evtl. abziehen, abspülen, abtropfen lassen, 1 kg abwiegen und in sehr dünne Scheiben schneiden. Die Rhabarberscheiben in einer großen Schüssel mit Gelierzucker und Zimt gut verrühren. Das Ganze zugedeckt über Nacht ziehen lassen.

2 Am nächsten Tag die Rhabarbermasse mit dem entstandenen Saft in einem großen Kochtopf mit Rotweinessig und Chiliflocken unter Rühren bei starker Hitze zum Kochen bringen. Die Zutaten unter ständigem Rühren mindestens 3 Minuten sprudelnd kochen lassen. Den Topf von der Kochstelle nehmen.

3 Den Senf sofort unter das heiße Rhabarberkompott rühren. Das Kochgut sofort randvoll in vorbereitete Gläser füllen. Die Gläser mit Twist-off-Deckeln® verschließen, umdrehen und etwa 5 Minuten auf den Deckeln stehen lassen.

Zubereitungszeit: **25 Minuten** | Haltbarkeit: kühl und dunkel gestellt **2–3 Monate**

Zucchini-Tomaten-Konfitüre

etwa 6 Gläser je etwa 150 ml | Insgesamt: E: **10** g, F: **2** g, Kh: **269** g, kJ: **4906**, kcal: **1172**, BE: **22,5**

- 1 gelbe Zucchini (etwa 225 g)
- ½ grüne Zucchini (etwa 120 g)
- 1 Fleischtomate (etwa 300 g)
- 1 große Zwiebel (etwa 120 g)
- 100 ml Möhrensaft
- 30 ml Zitronensaft (von 1 Zitrone)
- 250 g Super Gelierzucker 3:1

1 Zucchini abspülen, abtrocknen und die Enden abschneiden. Zucchini in sehr kleine Würfel schneiden. 200 g gelbe und 100 g grüne Zucchiniwürfel abwiegen.

2 Die Tomate kreuzweise einschneiden und mit kochendem Wasser übergießen. Nach 1–2 Minuten herausnehmen und mit kaltem Wasser abschrecken. Tomate enthäuten, in kleine Würfel schneiden und 250 g abwiegen.

3 Die Zwiebel abziehen, halbieren und in sehr kleine Würfel schneiden. 100 g davon abwiegen.

4 Das Gemüse mit dem Möhren- und Zitronensaft in einen Kochtopf geben. Den Gelierzucker unterrühren.

5 Die Zutaten unter Rühren bei starker Hitze zum Kochen bringen und unter ständigem Rühren mindestens 3 Minuten sprudelnd kochen lassen. Den Kochtopf von der Kochstelle nehmen.

6 Das Kochgut sofort randvoll in vorbereitete Gläser füllen. Gläser mit Twist-off-Deckeln® verschließen, umdrehen und etwa 5 Minuten auf den Deckeln stehen lassen.

Tipps: Die Konfitüre für die Zubereitung von Salatdressings oder als Brotaufstrich für dunkle, kernige Brotsorten verwenden. Schmeckt auch toll zu geräuchertem oder gegrilltem Fisch. Passt als pikante Beilage zu Roastbeef, Steaks oder würzigen Käsesorten (z. B. Blauschimmelkäse, Appenzeller oder Greyerzer).

Zubereitungszeit: **20 Minuten** | Haltbarkeit: kühl und dunkel gestellt **4–6 Monate**

Biergelee (Foto)

etwa 8 Gläser je 200 ml | Insgesamt: E: **3** g, F: **0** g, Kh: **1025** g, kJ: **18140**, kcal: **4331**, BE: **85,5**

660 ml Bier

1 Beutel aus 1 Pck. Gelfix Classic 1:1 (20 g)

1000 g Zucker

1 Das Bier in einen Kochtopf gießen. Gelfix Classic erst mit 2 Esslöffeln des Zuckers mischen, dann mit dem Bier verrühren.

2 Das Kochgut unter Rühren bei starker Hitze zum Kochen bringen. Sobald alles unter ständigem Rühren sprudelnd kocht, restlichen Zucker unterrühren.

3 Alles unter Rühren wieder zum Kochen bringen und unter ständigem Rühren mindestens 3 Minuten sprudelnd kochen lassen.

4 Das Kochgut evtl. abschäumen und sofort randvoll in vorbereitete Gläser füllen. Gläser mit Twist-off-Deckeln® verschließen, umdrehen und etwa 5 Minuten auf den Deckeln stehen lassen.

Tipps: Das Biergelee eignet sich gut als Brotaufstrich zu kräftigem Roggen- und Vollkornbrot. Oder zum Verfeinern deftiger Bratensaucen. Falls die Gelierprobe (1–2 Teelöffel vom fertigen, heißen Kochgut auf einen Teller geben) nicht fest wird, 1 Päckchen (5 g) Zitronensäure gut unterrühren und dann das Gelee abfüllen.

Zubereitungszeit: **40 Minuten** | Haltbarkeit: kühl und dunkel gestellt **3–4 Monate**

Mediterrane Gemüsekonfitüre

etwa 3 Gläser je 150 ml | Insgesamt: E: **7** g, F: **2** g, Kh: **272** g, kJ: **4982**, kcal: **1175**, BE: **22,5**

2 rote Paprikaschoten
1 mittelgroße Aubergine
½ Stange Porree (Lauch)

50 ml Apfelessig
50 ml Apfelsaft
½ TL Senfkörner

gem. Pfeffer
1 Msp. Paprikapulver edelsüß
250 g Extra Gelierzucker 2:1

1 Paprikaschoten halbieren, entstielen, entkernen und die weißen Scheidewände entfernen. Schoten abspülen, abtropfen lassen, 200 g abwiegen und in sehr kleine Würfel schneiden.

2 Aubergine abspülen, abtrocknen und den Stängelansatze entfernen. 175 g Aubergine abwiegen und sehr fein würfeln. Porree putzen. Die Stange längs halbieren, gründlich waschen, abtropfen lassen, 50 g abwiegen und sehr klein würfeln.

3 Vorbereitete Zutaten mit Essig, Apfelsaft, Senfkörnern, Pfeffer, Paprikapulver und Gelierzucker in einem Topf gut verrühren. Alles unter Rühren zum Kochen bringen und unter ständigem Rühren mindestens 3 Minuten sprudelnd kochen lassen.

4 Das Kochgut evtl. abschäumen und sofort randvoll in vorbereitete Gläser füllen. Gläser mit Twist-off-Deckeln® verschließen, umdrehen und etwa 5 Minuten auf den Deckeln stehen lassen.

Fenchel-Orangen-Konfitüre mit rosa Pfefferbeeren

etwa 4 Gläser je 200 ml | Insgesamt: E: **7** g, F: **1** g, Kh: **268** g, kJ: **4823**, kcal: **1137**, BE: **22,5**

- 2–3 Fenchelknollen (etwa 500 g)
- 100 ml frisch gepresster Orangensaft
- 1 geh. TL rosa Pfefferbeeren
- 250 g Extra Gelierzucker 2:1

1 Von den Fenchelknollen die Stiele dicht oberhalb der Knollen abschneiden. Das Fenchelgrün abspülen, trocken tupfen, fein schneiden und ½ Teelöffel davon beiseitelegen. Fenchelknollen putzen, abspülen, abtropfen lassen und 400 g davon abwiegen. Fenchel in sehr kleine Würfel schneiden.

2 Die Fenchelwürfel mit Orangensaft, beiseitegelegtem Fenchelgrün, rosa Pfefferbeeren und Gelierzucker in einem Kochtopf gut verrühren.

3 Die Zutaten unter Rühren bei starker Hitze zum Kochen bringen und unter ständigem Rühren mindestens 3 Minuten sprudelnd kochen lassen. Den Kochtopf von der Kochstelle nehmen.

4 Das Kochgut evtl. abschäumen und sofort randvoll in vorbereitete Gläser füllen. Gläser mit Twist-off-Deckeln® verschließen, umdrehen und etwa 5 Minuten auf den Deckeln stehen lassen.

Tipps: Die Konfitüre zu gebeiztem oder geräuchertem Lachs servieren. Schmeckt auch ausgezeichnet zu kräftigen Käsesorten oder als pikante Beilage zu gegrilltem Hähnchen, Lamm oder Steaks.
Statt rosa Pfefferbeeren zerdrückten Koriander verwenden.

Zubereitungszeit: **30 Minuten** | Haltbarkeit: kühl und dunkel gestellt **2–3 Monate**

Radieschen-Möhren-Konfitüre (Foto)

etwa 3 Gläser je 150 ml | Insgesamt: E: **5** g, F: **1** g, Kh: **271** g, kJ: **4829**, kcal: **1138**, BE: **22,5**

- etwa 300 g Radieschen
- etwa 200 g Möhren
- 125 ml frisch gepresster Orangensaft
- 1 TL fein gehackter Ingwer
- 250 g Extra Gelierzucker 2:1

1 Radieschen und Möhren putzen. Möhren schälen. Radieschen und Möhren abspülen, gut abtropfen lassen und auf der Gemüsereibe fein raspeln. 250 g Radieschen- und 125 g Möhrenraspel abwiegen.

2 Die Gemüseraspel mit Orangensaft, Ingwer und Gelierzucker in einem Kochtopf gut verrühren.

3 Die Zutaten unter Rühren bei starker Hitze zum Kochen bringen und unter ständigem Rühren mindestens 3 Minuten sprudelnd kochen lassen. Den Kochtopf von der Kochstelle nehmen.

4 Das Kochgut evtl. abschäumen und sofort randvoll in vorbereitete Gläser füllen. Gläser mit Twist-off-Deckeln® verschließen, umdrehen und etwa 5 Minuten auf den Deckeln stehen lassen.

Tipps: Die Konfitüre zu kaltem Braten- oder Geflügelaufschnitt reichen. Oder Wraps mit der Konfitüre bestreichen und mit einer Hackfleischfüllung füllen. Auch als pikante Beilage zu Fleisch-Fondue lecker.

Zubereitungszeit: **40 Minuten** | Haltbarkeit: kühl und dunkel gestellt **3–4 Monate**

Paprika-Ananas-Konfitüre

etwa 3 Gläser je 150 ml | Insgesamt: E: **5** g, F: **2** g, Kh: **290** g, kJ: **5251**, kcal: **1240**, BE: **24,0**

- 2 gelbe Paprikaschoten
- 150 g geschältes Ananasfruchtfleisch ohne Strunk (aus dem Kühlregal)
- 1–2 Frühlingszwiebeln
- 1 Bund glatte Petersilie
- ½ TL Korianderkörner
- 50 ml Ananassaft (Direktsaft)
- ½ gestr. TL Currypulver
- gem. Pfeffer
- 250 g Extra Gelierzucker 2:1

1 Paprikaschoten halbieren, entstielen, entkernen und die weißen Scheidewände entfernen. Schoten abspülen, abtropfen lassen, sehr fein würfeln und 275 g abwiegen. Ananas sehr fein würfeln.

2 Frühlingszwiebeln putzen, abspülen, abtropfen lassen, längs halbieren, in schmale Streifen schneiden und 50 g abwiegen. Petersilie abspülen, trocken tupfen, die Blättchen von den Stängeln zupfen und fein schneiden. Koriander etwas zerstoßen.

3 Die vorbereiteten Zutaten mit Ananassaft, Gewürzen und Gelierzucker in einem Kochtopf gut verrühren. Die Zutaten unter Rühren bei starker Hitze zum Kochen bringen und unter ständigem Rühren mindestens 3 Minuten sprudelnd kochen lassen. Topf von der Kochstelle nehmen.

4 Das Kochgut evtl. abschäumen und sofort randvoll in vorbereitete Gläser füllen. Gläser mit Twist-off-Deckeln® verschließen, umdrehen und etwa 5 Minuten auf den Deckeln stehen lassen.

Zubereitungszeit: **30 Minuten** | Haltbarkeit: kühl und dunkel gestellt **2–3 Monate**

Rote-Bete-Konfitüre

3–4 Gläser je 150 ml | Insgesamt: E: **6** g, F: **1** g, Kh: **283** g, kJ: **5074**, kcal: **1199**, BE: **23,5**

etwa 500 g Rote Bete
1 Bio-Zitrone (unbehandelt, ungewachst)
2 Zitronen
75 ml Apfelschorle
250 g Extra Gelierzucker 2:1

1 Rote Bete unter fließendem kalten Wasser gründlich abbürsten, schälen (am besten mit Gummihandschuhen, da die Rote Bete stark färbt), abspülen, abtropfen lassen. Rote Bete auf einer Haushaltsreibe fein raspeln und 350 g abwiegen.

2 Die Bio-Zitrone heiß abwaschen, abtrocknen und von einer halben Zitrone die Schale fein abreiben. Alle Zitronen halbieren, auspressen und 75 ml Saft abmessen.

3 Die Rote-Bete-Raspel mit der abgeriebenen Zitronenschale und dem Saft, der Apfelschorle und dem Gelierzucker in einem Kochtopf gut verrühren.

4 Die Zutaten unter Rühren bei starker Hitze zum Kochen bringen und unter ständigem Rühren mindestens 3 Minuten sprudelnd kochen lassen Den Kochtopf von der Kochstelle nehmen.

5 Das Kochgut sofort randvoll in vorbereitete Gläser füllen. Gläser mit Twist-off-Deckeln® verschließen, umdrehen und etwa 5 Minuten auf den Deckeln stehen lassen.

Tipps: Die Rote-Bete-Konfitüre z. B. zu würzigem Käse und Nussbrot oder mit frisch geriebenem Meerrettich zu gekochtem Rindfleisch reichen. Die Konfitüre gibt aber auch Rotkohlgemüse eine neue Geschmacksnote.

Ratgeber

Marmeladen, Konfitüren und Gelees sind richtige Alleskönner: Sie machen sich ausgezeichnet auf Brot und Brötchen, verfeinern Quark und Joghurt und sind perfekte Begleiter zu Käse, Bratenaufschnitt oder Gegrilltem. Hier sind wichtige Tipps und Hinweise zur Zubereitung – so wird es noch einfacher!

Kleine Unterschiede – was ist was?

- **Konfitüren** sind streichfähige Zubereitungen aus Zuckerarten und einer oder mehreren Fruchtsorten.
- **Marmeladen** sind streichfähige Zubereitung aus Zuckerarten und Zitrusfrüchten. Im allgemeinen Sprachgebrauch wird „Marmelade“ auch als Synonym für Konfitüre verwendet.
- **Gelees** nennt man streichfähige Zubereitungen aus Zuckerarten und dem Saft einer oder mehrerer Fruchtsorten.
- **Fruchtaufstriche** sind den Marmeladen und Konfitüren ähnlich, unterscheiden sich von ihnen jedoch hinsichtlich des Gehaltes an Früchten und/oder Zucker.

Genial einfach: Einmachprodukte

Traditionell wird Marmelade mit Früchten und Zucker gekocht. Eine praktische Alternative sind fertig gemischte, zuckersparende Einmachprodukte.
Hier eine kurze Übersicht:

Gelierzucker

Dr. Oetker Gelierzucker und der Dr. Oetker Fruchtzucker enthalten das pflanzliche Geliermittel Pektin, das aus Äpfeln und Zitrusfrüchten gewonnen wird. Da Geliermittel und Zucker bzw. Fruchtzucker bereits gemischt sind, ist die Zubereitung besonders schnell und einfach: Ideal für Einsteiger.

Extra Gelierzucker 2:1

Mit Dr. Oetker Extra Gelierzucker 2:1 können Sie extra fruchtige und weniger süße Konfitüren, Marmeladen und Gelees herstellen.

Super Gelierzucker 3:1

Dem Trend zur Zuckerreduzierung entspricht neben dem Dr. Oetker Extra Gelierzucker 2:1 auch Dr. Oetker Super Gelierzucker 3:1. Mit Super Gelierzucker können Sie Konfitüren, Marmeladen und Gelees herstellen, die deutlich weniger süß, aber sehr fruchtig sind.

Gelier Fruchtzucker 3:1

Kalorienbewusstsein und Konfitüre müssen sich nicht ausschließen: In Dr. Oetker Gelier Fruchtzucker wurde der Zucker reduziert und durch Süßstoffe ersetzt. So können Sie damit fruchtig süße, aber um 40 % kalorienreduzierte Konfitüren, Marmeladen und Gelees selber machen.

Gelfix

Dr. Oetker Gelfix enthält das pflanzliche Geliermittel Pektin, das aus Äpfeln und Zitrusfrüchten gewonnen wird.

Gelfix Classic 1:1

Mit Dr. Oetker Gelfix Classic 1:1 können Sie Ihre klassisch-süßen Lieblingskonfitüren, Marmeladen und Gelees herstellen. Sie benötigen hier etwa das gleiche Verhältnis von Frucht und Zucker, d.h. ein Beutel Gelfix Classic ist ausreichend für 1 kg vorbereitete Früchte und 1150 g Zucker. Für Gelees benötigen Sie 850 ml Fruchtsaft und 1 kg Zucker.

Gelfix Extra 2:1

Mit Dr. Oetker Gelfix Extra 2:1 lassen sich besonders fruchtige und weniger süße Konfitüren, Marmeladen und Gelees zubereiten. Hier ist bei Ihren Einmach-Schätzen der Frucht- bzw. Saftanteil etwa doppelt so hoch wie die benötigte Zuckermenge. Bei Gelfix Classic und Extra haben Sie nicht nur bei den Früchten die freie Wahl, sondern auch bei der Zuckersorte: Sie können ganz nach Belieben auch Rohr- oder braunen Zucker verwenden und Ihrer Konfitüre damit eine leichte Karamell-Note geben.

Gelfix Super 3:1

Mit Dr. Oetker Gelfix Super 3:1 wird Fruchtgenuss weniger süß, denn für 1 kg vorbereitete Früchte bzw. 900 ml Saft sind nur 350 g Süßungsmittel erforderlich. Für die Herstellung eines Gelees ist es auch möglich, jeden im Handel erhältlichen Saft oder Nektar zu verwenden (mit Ausnahme von Traubensaft). Bei den Süßungsmitteln können Sie zwischen Zucker, Fruchtzucker und Sorbit wählen. Außerdem ist eine Zubereitung ausschließlich mit flüssigem Süßstoff möglich: Pro Beutel Gelfix Super werden dann für 1 kg vorbereitete Früchte 25 ml Flüssigsüße benötigt.

Tipp: Zitronensäure

Einfach mal einen Beutel Zitronensäure zum Kochen unter die Fruchtmasse rühren: Das unterstützt die Gelierung und rundet die natürlich-fruchtige Geschmacksnote jeder Einmachkreation ab.

Die Zubereitung

Sie haben sich ein Rezept ausgesucht? Sehr gut – allerdings findet der erste Schritt auf dem Weg zum perfekten Marmeladen-, Konfitüre- oder Geleegenuss schon beim Einkaufen statt: Nehmen Sie ausschließlich Lebensmittel von höchster Qualität. Frisch geerntetes, reifes Obst und Gemüse aus dem eigenen Garten, vom Bauernhof oder Markt sind ideal.

Die besten Gläser

Gutes Material bringt gute Ergebnisse: Wir empfehlen Twist-Off-Gläser® – idealerweise mit einem Inhalt von etwa 200 ml. So kann das Glas nach dem Öffnen in absehbarer Zeit aufgebraucht werden. Auch zum Verschenken ist dies eine perfekte Größe. Wichtig:

- Die Twist-Off-Gläser® (v. a. bereits gebrauchte Gläser) auf schadhafte Stellen überprüfen. Angeschlagene Gläser aussortieren, da sie nicht mehr luftdicht schließen. Die Deckel dürfen keine Roststellen aufweisen.
- Gläser und Deckel in heißem Wasser unter Zusatz eines handelsüblichen Spülmittels reinigen. Spülen Sie sie in klarem heißen Wasser nach und lassen Sie die Gläser umgedreht, auf ein sauberes Geschirrtuch gestellt, abtropfen und erkalten.

Die besten Früchte

Hier darf man keine „faulen Kompromisse“ machen: Früchte mit Schimmelstellen müssen aussortiert werden! Druckstellen werden großzügig herausgeschnitten. Bei allen Obst- bzw. Gemüsesorten gilt: Die Früchte zunächst sorgfältig abspülen und abtropfen lassen oder verlesen. Früchte gegebenenfalls putzen (entsteinen) und große Früchte klein schneiden.

Gute Alternative: Auch tiefgefrorene Früchte eignen sich hervorragend zur Herstellung von Konfitüren, Marmeladen und Gelees. Diese gefroren wiegen und erst danach auftauen lassen. Je nach Frucht das Obst grob pürieren und den entstehenden Saft bei der Zubereitung verwenden.

Marmelade richtig kochen und abfüllen

Mit den besten Zutaten und dem passenden „Werkzeug“ kann es losgehen:

- Kochtopf groß genug wählen. Damit das Einkochgut sprudelnd kochen kann, sollte der Kochtopf nur etwa bis zur Hälfte gefüllt sein.
- Gelierzucker grundsätzlich mit dem kalten Fruchtmus oder Saft verrühren, erst dann zum Kochen (etwa 100 °C) bringen.
- Generell alles sprudelnd kochen lassen – die angegebene Kochzeit (siehe Packungsanleitung) gilt erst ab dem sprudelnden Kochen.
- Bei Rezepten mit einer nur geringen Alkoholzugabe (3–4 Esslöffel), den Alkohol immer erst nach Ende der Kochzeit unterrühren.

Tipp Gelierprobe: Hier kommt es auf das richtige Timing an – deshalb vor dem Einfüllen des Kochgutes in die Gläser eine Gelierprobe durchführen. Das geht so: Nach der angegebenen Kochzeit etwas von der heißen Masse auf einen Teller geben. Erstarrt die Fruchtmasse schnell und bildet sich kein Wasserrand, ist genug gekocht worden. Ansonsten die Einkochmasse unter Rühren noch etwas kochen oder 1 Päckchen Zitronensäure unter die kochende Fruchtmasse rühren.

Tipp Schaum: Meistens schäumt die Fruchtmasse nicht beim Kochen. Bei eiweißreichen Früchten kann das gelegentlich doch der Fall sein – dann den Schaum mit einem Schaumlöffel abnehmen. Durch die Lufteinschlüsse im Schaum werden das Aussehen und die Haltbarkeit der fertigen Marmeladen etc. beeinträchtigt.

- Die fertig gekochte Konfitüre, Marmelade oder das Gelee kochend heiß und randvoll in die ausgespülten Twist-off-Gläser® füllen. Ohne zu kleckern geht dies am besten mit einem Einfülltrichter und einer Kelle. Sofort mit den Deckeln verschließen und etwa 5 Minuten umgedreht auf die Arbeitsfläche stellen. Dann wieder umdrehen und erkalten lassen. Durch das Umdrehen der Gläser verstärkt man den Effekt des Vakuums.

Marmelade richtig lagern

Damit die ganze Arbeit nicht umsonst war, sollten Sie diese Hinweise beachten:

- Einmach-Schätze an einem kühlen und dunklen Ort lagern. So sind sie u. a. vor Farbveränderungen geschützt und die Gelierung kann sich vollständig entfalten.
- Angebrochene Gläser am besten im Kühlschrank aufbewahren, da beim Entnehmen aus dem Glas die feste Struktur von Konfitüre, Marmelade oder Gelee beschädigt wird, sodass Fruchtsaft austreten kann.
- Die Haltbarkeit des Einmachguts verkürzt sich durch fetthaltige Zutaten wie Nusskerne, aber auch durch Gewürze und Kräuter.

Alphabetisches Register

Allgemeine Hinweise

Abkürzungen

EL	=	Esslöffel
TL	=	Teelöffel
Msp.	=	Messerspitze
Pck.	=	Packung/Päckchen
g	=	Gramm
kg	=	Kilogramm
ml	=	Milliliter
l	=	Liter
evtl.	=	eventuell
geh.	=	gehäuft
gem.	=	gemahlen
ger.	=	gerieben
gestr.	=	gestrichen
TK	=	Tiefkühlprodukt
°C	=	Grad Celsius
Ø	=	Durchmesser

Kalorien-/ Nährwertangaben

E	=	Eiweiß
F	=	Fett
Kh	=	Kohlenhydrate
kJ	=	Kilojoule
kcal	=	Kilokalorien
BE	=	Broteinheiten

Bei den Nährwertangaben in den Rezepten handelt es sich um auf- bzw. abgerundete ganze Werte. Lediglich die Broteinheiten werden in 0,5er-Schritten mit einer Stelle nach dem Komma angegeben.
Aufgrund von ständigen Rohstoffschwankungen und/oder Rezepturveränderungen bei Lebensmitteln kann es zu Abweichungen kommen. Die Nährwertangaben dienen daher lediglich Ihrer Orientierung und eignen sich nur bedingt für die Berechnung eines Diätplans, zum Beispiel bei Krankheiten wie Diabetes.
Bei krankheitsbedingten Diäten richten Sie sich daher bitte nach den Anweisungen Ihres Diätassistenten bzw. Ihres Arztes

Allgemeine Hinweise zu den Rezepten

Lesen Sie vor der Zubereitung – besser noch vor dem Einkauf – das Rezept einmal vollständig durch. Oft werden Arbeitsabläufe oder -zusammenhänge dann klarer.

Zutatenliste und Arbeitsschritte

Die Zutaten sind in der Reihenfolge ihrer Verarbeitung aufgeführt. Die Arbeitsschritte sind einzeln hervorgehoben, in der Reihenfolge, in der sie von uns ausprobiert wurden.

Zubereitungszeiten

Die Zubereitungszeit ist ein Anhaltswert für die Dauer der Vorbereitung und die eigentliche Zubereitung. Längere Wartezeiten wie Kühl- oder Abkühlzeiten, Auftau- und Durchziehzeiten sind, sofern parallel keine weitere Tätigkeit erfolgt, nicht in der Zubereitungszeit enthalten.

Gelierprobe

Führen Sie vor dem Einfüllen der heißen Fruchtmasse in die vorbereiteten Gläser eine Gelierpobe durch. Dazu geben Sie 1 Teelöffel der heißen Masse auf einen Teller. Erstarrt die Fruchtmasse, ist sie ausreichend gekocht worden und kann in die Gläser abgefüllt werden. Wird die Fruchtmasse nicht fest, diese noch etwas länger unter Rühren kochen. Oder 1 Päckchen Zitronensäure unter die kochende Fruchtmasse rühren.

Haltbarkeit

Konfitüren, Marmeladen, Fruchtaufstriche und Gelees können in der Regel bis zu einem Jahr kühl und dunkel gelagert werden. Enthalten sie Zusätze wie Kräuter, Gewürze oder Nüsse, so verkürzt sich die Haltbarkeit. Geöffnete Gläser im Kühlschrank aufbewahren und die Marmelade etc. innerhalb weniger Wochen aufbrauchen.

Unser Ratgeber- und Servicetelefon

Wünsche und Anregungen sind uns willkommen! Haben Sie Fragen? Benötigen Sie Hilfe bei der Zubereitung der Rezepte oder möchten Sie uns etwas mitteilen? Die Mitarbeiter des Dr. Oetker Verlages und des Verbraucherservices der Dr. Oetker Versuchsküche beantworten Ihre Fragen gern.

Versuchsküche: Tel. 0 08 00 71 72 73 74
Mo.–Fr. 8:00–18:00 Uhr
(gebührenfrei in Deutschland)

Dr. Oetker Verlag: Tel. +49 (0) 521 5206 45
Mo.–Fr. 9:00–15:00 Uhr

Dr. Oetker Verlag KG, Am Bach 11, 33602 Bielefeld, www.oetker-verlag.de
www.facebook.com/Dr. OetkerVerlag www.oetker.de

Umwelthinweis Dieses Buch und der Einband wurden auf FSC®-zertifiziertem, chlorfrei gebleichtem Papier gedruckt.
Die Einschrumpffolie – zum Schutz vor Verschmutzung – ist aus umweltfreundlichem und recyclingfähigem PE-Material.

FSC www.fsc.org MIX Papier aus verantwortungsvollen Quellen FSC® C004592

Redaktion Andrea Gloß

Texte und Ratgeber Klaus Schäfer, Bonn

Titelfoto Thomas Diercks, Hamburg

Innenfotos Christiane Diercks, Thomas Diercks, Hamburg (S. 4–11, 17–29, 33, 37–41, 45–51, 55, 59–63, 67, 69, 73, 77, 81–91, 95, 97, 101, 103, 107–113, 117–122)
Eising Studio Food Photo & Video, München (S. 65)
Axel Struwe, Bielefeld (S. 13, 15, 31, 35, 43, 53, 57, 75, 79, 93, 99)
Norbert Toelle, Bielefeld (S. 124, 125)
Brigitte Wegner, Bielefeld (S. 115)
Jan-Peter Westermann, Hamburg (S. 71)

Rezeptentwicklung und -beratung Susanne Raht, Hamburg
Eike Upmeier-Lorenz, Hamburg
Dr. Oetker Versuchsküche, Bielefeld (S. 20 u., 70 o., 110 o.,114 o.)

Wir danken für die freundliche Unterstützung Campari Deutschland, Oberhaching

Nährwertberechnungen Nutri Service, Hennef

Titelgestaltung küstenwerber, Hamburg
Grafisches Konzept küstenwerber, Hamburg
Gestaltung und Satz MDH Haselhorst, Bielefeld
Reproduktionen Longo AG, Bozen, Italien
Druck und Bindung Firmengruppe APPL, aprinta druck, Wemding

ISBN: 978–3–7670–0689-8